너무나, 인간적인 인간적인

나는 세종이다

너무나, 인간적인 인간적인

나는 세종이다

초판 1쇄 인쇄 | 2018년 10월 10일
초판 1쇄 발행 | 2018년 10월 17일

지은이 | 김종성
펴낸이 | 박영욱
펴낸곳 | 북오션

편 집 | 허현자
마케팅 | 최석진
디자인 | 서정희 · 민영선

주 소 | 서울시 마포구 월드컵로 14길 62
이메일 | bookocean@naver.com
네이버포스트 | m.post.naver.com('북오션' 검색)
전 화 | 편집문의: 02-325-9172   영업문의: 02-322-6709
팩 스 | 02-3143-3964

출판신고번호 | 제313-2007-000197호

ISBN 978-89-6799-427-3 (93910)

이 도서의 국립중앙도서관 출판예정도서목록(CIP)은 서지정보유통지원시스템
홈페이지(http://seoji.nl.go.kr)와 국가자료공동목록시스템
(http://www.nl.go.kr/kolisnet)에서 이용하실 수 있습니다.
(CIP제어번호: CIP2018029109)

너무나, 인간적인 인간적인

나는 세종이다

김종성 지음

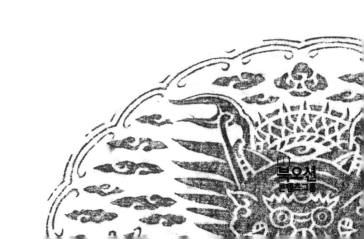

북오션
콘텐츠그룹

왜 그의 고뇌를
훔쳐봐야 하나?

오해 하나_ 그의 시대는 의외로 불안했다

조선 제4대 주상인 세종대왕 이도(李祹, 1397~1450). 우리는 그를 생각할 때 평온하고 안정된 시대를 떠올린다. 그의 시대에 한글이 창제되고 과학기술이 발달하고 민족문화를 꽃피우는 장면이 우리 머릿속에서 연상된다. 집현전에서 근무하다 잠든 신하를 위해 그가 남몰래 옷을 덮어주고 갔다는 일화를 우리는 안다. 노비 출신인 장영실(蔣英實, 1390?~1450?)이 그의 시대에 인정받고 실력을 발휘했다는 이야기도 안다. 황희(黃喜, 1363~1452) 같은 명재상이 그의 시대에 태평천하를 이끌었다는 이야기 역시 알고 있다.

물론 우리는 반대 측면도 떠올릴 수 있다. 그의 시대에 왜구가 조선 연해를 괴롭혔으며 유학자 최만리(崔萬理, ?~1445)는 한글 창제를 반대했다. 하지만 그런 일들은 우리의 기억 속에서 작고 소소한 소동에 불과하다. 우리가 아는 세종의 시대는 큰 혼란이 없던 안정된 시기라는 인상이 더 강렬하다.

그런데 정말로 그랬을까? 세종의 시대가 별문제 없는 시대였으리라 여기기 쉽지만, 조선 초기 상황을 조금만 주의 깊게 들여다봐도 우리가 그의 시대를 잘 모르고 있었다는 것을 알 수 있다. 왜냐하면 그가 살던 시대, 그가 통치한 시대는 평온이나 안정과는 거리가 멀었기 때문이다.

우리는 세종 집권기를 안정적이었다고 여기는 반면, 세종의 선대인 태종 집권기는 불안정했다고 여긴다. 세종의 아버지인 태종(太宗, 1367~1422) 이방원은 이복동생을 죽이고 아버지의 최측근 정도전(鄭道傳, 1342~1398)을 죽였음은 물론이고, 아버지 이성계(李成桂, 1335~1408)까지 몰아내고 정권을 잡은 인물이다.

그뿐인가? 그는 아버지를 몰아낸 뒤 둘째 형 정종 이방과(1357~1419)를 왕좌에 앉혀놓고는, 얼마 안 있어 밀어내고 본인이 왕좌에 올랐다. 그 후로도 이방원은 계속해서 손에 피를 묻혔다. 그는 자신을 왕으로 만든 처가 식구들을 제거했다. 외척인 민 씨 집안이 왕실을 위협할지도 모른다는 우려에서였다. 이뿐만이 아니었다. 이방원은 북방 여진족과 남방 왜구와도 싸우지 않으면 안 되었다. 명나라의 영향력이 이전 패권국인 몽골(원나라)만 못해서, 여진족과 남방 왜구가 그만큼 기세가 올랐기 때문이다. 이렇게 불안한 상태에서 세종 이도는 이방원에게 왕권을 넘겨받았다. 즉, 세종이 인수한 조선은 안정이나 평온함과는 거리가 멀었다.

세종 시대부터 조선이 안정됐는가 하면, 그렇지도 않다. 물론 이전보다는 상황이 좋아진 게 사실이다. 하지만 이 시대 역시 불안정했다. 이는 말년의 세종이 세자 이향(李珦, 훗날의 문종, 1414~1452)의 앞날을 두고 고민한 사실에서도 드러난다. 세종은 이향의 지위를 공고히 하고자 둘째 및 셋째 아들인 수양대군과 안평대군을 국정에 참여시키고 이들이 세자를 보좌하도록 했다. 하지만 수양대군과 안평대군은 세종이 죽은 지 몇 년도 안 돼서 권력투쟁을 벌였다. 이를 예측 못했을 리 없는데도 그런 아들들에게 장남의 보좌역을 맡긴 것은 세종 말년까지도 정치가 순탄하지 못했음을 반증한다.

세종 시대 역시 불안정했다는 점은 그가 죽은 뒤 조선 정계에 또다시 쿠데타의 피바람이 불어닥친 사실에서도 증명된다. 세종의 손자인 단종이 겪은 시련이 바로 그것이다. 쿠데타를 벌인 주역은 세종의 아들인 수양대군이었다. 세종이 장남의 정치 파트너로 만들려 했던 수양대군이 형과 조카를 배신하고 쿠데타를 벌인 것이다. 수양대군에 대한 세종의 기대를 감안하면, 수양대군이 벌인 계유정난을 아버지에 대한 대항으로 볼 수도 있다. 조선 정치가 어느 정도

안정 궤도에 들어선 것은 세종의 증손자인 성종 때다. 이때 들어서야 조선 왕조는 《경국대전》이란 종합 법전의 편찬으로 상징되는 체제 안정을 이룩할 수 있었다.

이렇게 세종이 왕이 되기 전에도, 죽은 뒤에도 조선 정치는 편치 못했다. 우리가 생각하는 것처럼 그의 시대는 그리 평온하고 안정된 시대가 아니었다. 이러한 점을 보면, 세종은 상당한 고민과 번뇌 속에서 하루하루를 살았을 것이라는 추론을 할 수 있다. 밤샘 근무를 하다 잠든 신하에게 옷을 덮어주었다고 하니 왠지 마음이 비교적 여유로운 군주였을 것 같지만, 실제 세종은 항상 불안한 상황 속에서 뭔가를 끊임없이 걱정해야 하는 군주였다.

오해 둘_ 그는 그렇게 존경받지 못했다

우리가 세종을 높이 평가하는 이유는 그가 한글을 창제하고 과학기술을 발달시켰기 때문이다. 서양권이 아닌데도 영어를 쓰는 아시아 국가들을 보면 '우리 한국이 어려운 영어를 쓰지 않을 수 있게 한 것만 해도 어딘가!'라는 생각이 들면서 그의 은공에 절로 감사하는 마음이 든다. 또 만 원짜리 지폐 뒷면에 새겨진 앙부일구(해시계)를 보면 '참 많은 일을 하신 분이야!' 하는 감탄이 절로 나온다. 그래서 우리는 세종대왕을 존경한다. 조선시대 사람들도 그랬을까? 그들도 우리처럼 세종의 한글 창제와 과학 발전 기여를 높이 평가했을까? 이에 대한 답은 비교적 명확하다. 당시 세종은 높이 평가 받지 못했다.

조선시대 지배층인 양반들은 끝까지 한자를 고집했다. 대중이 한글을 널리 사용하기 시작한 것은 19세기 후반에 양반층의 권위가 붕괴되면서부터다. 꿀벌에게는 꿀벌의 언어가 있고, 개미에게는 개미의 언어가 있다. 꿀벌이 사라지면 꿀벌의 언어도 사라지고, 개미가 사라지면 개미의 언어도 사라진다. 마찬가지로 한자는 양반들의 언어요, 문자였다. 양반이 약해지면 한자도 약해질 수밖에 없었다. 바꿔 말하면, 양반의 지배체제가 작동하는 동안에는 한자 이외의 문자가 대중성을 가질 수 없었다. 그러한 의미에서 보면, 조선시대 오피니언 리더인 양반들이 세종대왕을 어떻게 인식했을지 짐작할 수 있다. 오늘날 한국에서 신문이나 책에 글을 쓰는 사람들은 거의 다 세종대왕의 한글 창제를 높이 평가한다. 하지만 조선시대 양반들에게는 한글 창제가 반가운 일이 아니었다. 그들에게는 불필요한 일이요, 불안한 일이었다. 그렇기에 세종은 조선시대 양반들에게 인기 있는 왕일 수 없었다. 물론 세종이 죽은 뒤에 양반들은 어떤 이유로 세종을 성군으로 떠받들었다. 그 이유는 잠시 뒤에 설명하겠다.

양반들은 그렇더라도, 일반 백성들은 세종을 존경하지 않았을까? 물론 양반층보다는 서민층의 지지도가 더 높았지만, 오늘날 우리가 보여주는 전폭적인 지지에 비하면 당시 서민층의 지지는 아무 것도 아니었다. 서민들은 그나마 한글을 썼을 것 같지만, 실제로 서민들이 애용한 문자는 이두였다. 한자를 이용해 한국어 문법을 표현하는 이두가 서민 생활을 지배한 문자였다. 백성들이 관청에 가서 무언가를 신청하려면 이두로 된 문서를 작성해야 했다. 이러한 상황이다 보니 한글은 서민층의 환영을 많이 받지 못했다. 일부 여성이나 궁궐 사람들 사이에서 활용됐을 뿐이다. 이러한 사실을 감안하면, 조선시대에는 세종이 지금 같은 존경은커녕 평균적인 존경조차 받기 힘들었을 것이라는 결론을 어렵지 않게 도출할 수 있다.

바로 이 대목에 핵심이 있다. 세종은 집권기는 물론이고 조선시대 전체에 걸쳐 그다지 크게 존경받던 인물이 아니었다. 그는 죽은 지 500년이 된 뒤에야 비로소 대대적인 존경을 받기 시작했다. 구한말에 주시경이란 인물이 발 벗고 나서서 한글의 중요성을 강조하지 않았다면, 세종에 대한 우리 시대의 평가는 지금과 확연히 달라졌을 수도 있다.

엄밀히 말하면, 세종이란 인물은 자기 시대나 조선시대를 위해 일한 게 아니라 500년 뒤를 위해 일한 사람이었다고 할 수 있다. 세종 같은 명석한 군주가 '한자는 조선 지배층의 문자이며 조선 지배층이 건재한 동안에는 한글이 위력을 발휘할 수 없다'는 걸 몰랐을 리 없다. 그런데도 그는 자기 시대 지배층이 사용하지 않을 게 뻔

한 문자를 창제했다. 그의 결단은 미래를 내다보고 한 것이라고밖에 볼 수 없다. 결과적으로 500년 뒤를 위해 한글 창제를 한 셈이 된다. 이처럼 먼 미래를 염두에 두고 나라를 이끈 통치자라면, 보통 임금과는 다른 고민과 번뇌에 휩싸여 있었을 게 분명하다. 그 고민과 번뇌가 어떤 것이었는지 파헤치는 것이 우리가 해야 할 과제다.

세종에 대한 당시 사람들의 평가를 좀 더 음미해보자. 이 부분까지 살펴보면, 그가 자기 시대에 큰 존경을 받지 못했다는 점이 한층 더 명확하게 드러날 것이다.

고려시대에는 서른네 명의 임금이 있었다. 그중에서 몽골 간섭기 이전의 스물네 명은 죽어서 조(祖)나 종(宗) 같은 묘호(사당 명칭)를 받았다. 반면에 간섭기 이후의 왕들은 충렬왕·충숙왕·공민왕처럼 묘호를 받지 못했다. '조'나 '종'은 제후는 받을 수 없고 황제만 받을 수 있는 묘호였기 때문에 간섭기 이후의 왕들은 받을 수 없었다.

묘호를 제정하는 것은 대신들의 임무였다. 고려왕조의 대신들이 묘호를 정할 때 유의한 사항 중 하나는, 태조 왕건 이외에는 누구도 '조'를 받을 수 없도록 한다는 점이었다. 그래서 고려시대에는 태조 왕건 이외에는 어느 왕도 '조'를 받지 못했다. 이 때문에 고려시대 사람들은 '조'라는 묘호를 더욱더 신성시할 수밖에 없었다.

이러한 분위기는 조선왕조 창업 뒤에도 한동안 이어졌다. 처음 한동안은 태조 이성계 이외에는 어느 누구에게도 '조'를 부여하지 않았다. 세종이 세상을 떠난 뒤에도 마찬가지였다. 세종의 손자인 단종(端宗, 1441~1457)도 1452년에 자신의 아버지에게 문종이란 묘호를 부여했다.

그런데 단종의 왕위를 빼앗아 왕이 된 수양대군(1417~1468)이 죽은 뒤로 상황이 바뀌었다. 수양대군을 따르던 대신들이 조선왕조 최초로 그에게 '조'를 붙인 것이다. 이성계 이후 최초로 '조'를 받은 사람은 수양대군이다. 수양대군의 추종자들은 그것도 모자라, 세종의 '세'를 따서 세조라는 묘호를 만들었다. 이로써 수양대군은 아버지인 세종보다 더 높은 위치에 놓이게 되었다. 사실상 아버지의 뜻을 배반한 수양대군이 세종보다 더 높은 평가를 받은 사실은 당시 사람들이 세종을 어떻게 평가했는지를 단적으로 보여주는 대목이다.

물론 조선시대에도 세종을 존경하는 분위기는 분명 존재했다. 군주들의 위인전인 《국조보감》에는 세종이 여진족을 제압했다는 이유로 해동요순(海東堯舜)이란 칭송을 들었다는 이야기가 나오고, 세종의 왕릉에 세워진 신도비 비석에는 그가 모범적으로 나라를 통치했다는 이야기가 나온다. 그렇지만 조선시대 사대부들이 세종을 좋아한 본질적인 이유는 다른 데에 있었다.

이에 대해 알 수 있는 기록 중 하나가 음력으로 효종 4년 7월 2일자(양력 1653년 8월 24일자) 《효종실록》에 있다. 여기에는 현직이 없는 고위 인사들을 대우할 목적으로 만든 부서인 중추부(中樞府)에 속한 정1품 영중추부사 이경여(李敬輿, 1585~1657)가 작성한 '세종을 칭송하는 이유'가 나온다. 바로 세종 시대에는 궁녀 숫자가 100명을 넘지 않을 정도로 왕실이 검소했다는 점이다. 자기 수족이나 다름없는 궁녀나 환관을 많이 모으지 않고 재정을 검소하게 운영했다는 것은 세종이 사대부 기득권층의 이익을 침해하지 않았음을 반영하는 것이다. 그런 의미에서 이경여는 세종을 성군으로 칭송했다. 지방 양반들이 자신들의 권익을 옹호해준 사또를 위해 공덕비를 세우는 것과 마찬가지 이치였다.

이처럼 세종을 존경하는 분위기도 분명 존재했지만, 조선시대 사람들은 오늘날에 비해 세종을 낮게 평가했다. 세종은 그런 환경에서 살았다. 그런데도 그는 500년 뒤에 칭송받을 만한 업적을 많이 남겼다. 이것은 세종이 당대의 평가보다 역사의 평가를 의식하면서 살았음을 뜻하며, 세상의 시선을 의식하면서도 자기 길을 굳건히 고집했음을 뜻한다.

이 글에서는 세종의 내면적 고뇌 몇 가지를 살펴보고자 한다. 자신과 개성이 다른 아버지 이방원 밑에서 그가 어떤 고뇌를 겪었을지, 왕권의 원래 주인인 큰형 양녕대군과의 관계에서 그가 어떤 생각을 했을지, 백성 및 사대부들과의 관계에서는 어떤 고민을 했을지, 명나라 중심의 국제질서 속에서 어떤 꿈을 품었을지, 문약한 장남인 세자 이향, 왕성한 차남 수양대군, 삼남 안평대군을 보면서 어떤 생각을 했을지 등을 현대 시각으로 깊숙이 엿보고자 한다.

이제 우리는 600년 전 사람인 세종대왕 이도의 머릿속을 향한 여행에 돌입한다.

김종성

아버지가 형님과 나를 저울질한다

부모의 운명을
바꾼 출생

 세종대왕 이도는 조선왕조가 창업된 지 5년 뒤인 1397년 에 태어났다. 태어난 곳은 한성부 북부 준수방이다. 지 금의 서울 종로구 통인동이다. 경복궁 서문이 영추문인 데, 영추문 근처인 준수방은 서울 지하철 3호선 경복궁역 2번 출 구에서 북쪽으로 조금 올라간 곳에 있다. 도로변에 '세종대왕 나신 곳'이란 표지석이 세워져 있다.

이도가 태어난 시점은 태종 이방원(1367~1422)의 가정에 중요한 전환점이었다. 이도의 출생은 어머니인 원경왕후 민씨가 정치 활동 에 나서도록 만드는 계기로 작용했다. 어머니 민 씨는 정치에 대한 의지가 강한 인물이었다. 이방원의 작은어머니인 신덕왕후 강씨가 이성계의 정치 활동을 조종했듯이, 민 씨 역시 이도가 태어남으로써 그런 식의 정치 활동 간여가 가능해졌다. 이도가 태어나기 전만해도 그것은 불가능했다.

실은 정치에 간여하고 싶어도 할 수 없는 사정이 있었다. 무슨 정치규제법에라도 걸린 것은 아니다. 굳이 걸림돌을 규정하자면 '신체 규제법'이라고 할까? 고려 말과 조선 초의 격동기 때, 민 씨는 딸 둘을 낳은 뒤 아들 셋을 출산했다. 그런데 아들 셋은 곧바로 땅에 묻어야 했다. 그리고 나서 건국 이듬해인 1393년에 셋째 딸인 경안공주를 낳고, 1394년에 양녕대군을 낳고, 1396년에 효령대군을 낳았다. 이러한 상황이었기에 민 씨는 신체적·정신적으로 무척 힘들 수밖에 없었다. 부글거리는 정치적 욕망을 짓누르며 방 안에서 몸조리에 집중하고 있어야 했으니 말이다.

그러다가 1397년에 낳은 셋째 아들(생존자 기준)이 바로 이도다. 이때부터 민 씨는 안정을 찾기 시작했다. 민 씨가 다음 아이를 낳은 것은 7년 뒤다. 1404년에 넷째 딸 정선공주를 낳고, 1405년에 넷째 아들 성녕대군을 낳았다. 이도 출산 이후 몇 년간은 민 씨가 신체적·정신적으로 안정을 찾은 때였다. 이 기간에 민 씨가 정치에 개입한 사실을 보면, 이도의 출생을 계기로 민 씨가 가정 외적인 일에 신경을 쓸 수 있을 만큼 안정을 찾았음을 알 수 있다.

이방원은 여성의 정치적 조력에 많이 의존하는 편이었다. 조선

원경왕후 민씨와 태종 이방원의 무덤인 헌릉. 사진은 헌릉의 초입에 있는 홍살문. 서울시 서초구 내곡동 소재.

건국 전에 작은어머니인 신덕왕후 강씨에게 정치적으로 의존한 것도 그 같은 특성에 따른 것이었다. 이러한 이방원의 특성 덕분에 민씨는 이도 출산 이후 이방원의 핵심 참모로 떠올랐다. 이도가 태어나고 이듬해인 1398년에 이방원이 실권자 정도전을 제거하고 권력을 잡는 데 민 씨가 결정적 역할을 한 것이다. 정도전이 추진한 사병 혁파 때문에 이방원은 병장기를 치워야 했지만, 민 씨는 남편도 모르게 은밀히 무기를 감췄다가 거사가 임박했을 때 무기를 공개했다. 민 씨의 조력이 없었다면, 이방원은 정도전을 제압하는 데 훨씬 더 많은 어려움을 겪었을 것이다. 민 씨는 이방원 쿠데타의 일등공신이라 할 수 있다.

민 씨가 그런 활약상을 보이게 된 계기가 이도의 출생이었다. 이도의 출생 이후로 민 씨는 몸을 풀고 정치 무대에 간여하게 되었다. 물론 그의 탄생이 아버지의 권력 장악에 직접적인 영향을 미친 것은 아니지만, 그것이 부모에게 심리적 활력소가 되어 간접적인 기여를 했다고 본다. 그러므로 이도의 출생이 이방원의 정권 획득과 전혀 무관하다고는 말할 수 없으리라.

훗날 왕이 된 이방원은 이도의 총명함이 장남 이제(李褆, 1394~1462년)를 위협하는데도 이도를 끝까지 지켰다. 그러다가 결국 이제를 쫓아내고 이도를 후계자로 세웠다. 열 손가락 깨물면 안 아픈 손가락이 없다지만, 현실적으로는 좀 더 아픈 손가락이 있을 수도 있다. 이도가 반듯하고 똑똑하게 성장했기에 형을 제치고 왕이 된 측면도 있지만, 이도가 출생 당시부터 이방원에게 왠지 끌리는 아들이었다는 점도 무시할 수 없는 요인이었을 것이다. 이방원에게 이도는 그런 아들이었다.

큰형을 기죽이는 셋째

당나라와의 경쟁에서 밀려 서쪽으로 민족이동을 단행한 유목민족 돌궐족. 영어권에서는 이들을 투르크(Turk)라고 부른다. 투르크는 중동으로 옮겨 간 뒤 셀주크투르크나 오스만투르크 같은 국가를 세웠다. 이 중에서 1299년에 세워진 오스만투르크는 14세기부터 중동의 패권을 장악했으며, 1922년에 서세동점(西勢東漸, 서양 세력이 차차 동쪽으로 밀려옴)의 파고를 견디지 못하고 사라졌다.

군주의 칭호가 술탄이었던 오스만투르크에는 상당히 가혹한 왕위계승제도가 있었다. 이 나라에는 장자상속제가 없고 권력투쟁에서 승리한 왕자가 차기 술탄이 되었다. 장남이건 막내건 능력만 있으면 왕이 되는 나라였던 것이다. 술탄이 된 왕자는 경쟁자들을 모조리 죽였다. 경쟁에서 패배한 형제들을 죄다 죽인 것이다. 즉, 오스만투르크에서는 술탄이 되지 못한 왕자는 형제의 손아귀에 반드시 죽임을 당했다. 이러한 참극은 17세기가 되기 전까지 계속 벌어졌다.

오스만투르크만큼 잔혹하지는 않았지만, 조선에서도 왕이 되지 못한 왕자는 불행했다. 조선에서 왕이 되지 못한 왕자는 반드시 죽임을 당하는 것은 아니었지만 평생 숨죽이고 살아야 했다. 왕이 된 형제보다 더 똑똑하다는 게 드러난 왕자는 목숨을 부지하기 힘들었다. 왕이 될 수 없는 왕자가 지나치게 탁월한 능력을 드러내는 것은 죽음으로 가는 지름길이었다.

이방원은 문(文)보다는 무(武)의 이미지를 더 강하게 풍기지만, 실제로는 문과 무를 겸비했다. 그는 고려 말인 1383년에 열린 과거시험에서 열일곱 살 나이로 급제했다. 그때까지만 해도 과거시험에는 무과가 없었다. 이방원은 문과에 급제했다. 10대 나이에 급제하는 것은 드문 일이었다.

이방원의 아들 중에서 장남인 세자 이제는 아버지의 무인 기질을 빼닮았다. 반면에 셋째 이도는 문인 기질이다. 두 아들이 아버지의 특성을 각각 하나씩 닮은 것이다. 만약 장남이 두 가지 기질을 모두 갖추었다면 셋째 아들이 역사에 등장할 필요는 없었을 것이다. 두 아들이 아버지의 특성을 하나씩 물려받았기에, 이 시대 역사에 이야깃거리가 생긴 것이 아닐까.

이도는 학자풍 왕자였다. 그러다 보니 남들에게 강한 인상을 풍겼을 리 없다. 적극적이기보다는 소극적인 모습으로 비쳐졌을 가능성이 더 높다. 이러한 유형의 왕자에 대해 대부분의 사람은, 왕이 되지 못할 자신의 처지를 염두에 두고 매사에 조심스러운 샌님이었을 것이라는 선입견을 갖기 쉽다. 공부를 하더라도 남몰래 했을 것이라고 생각할 수도 있다.

이도는 학자풍 왕자였지만 그렇게 소심한 샌님은 아니었다. 그는 왕이 될 수 없는 자신의 처지를 부정적인 쪽으로 생각하지 않았다. 자신의 능력을 남들 앞에서 숨기려고도 하지 않았다. 왕이 될 수 없는 왕자는 조용히 숨죽여 살아야 한다는 세상 통념을 무시해 버린 것이다. 그는 자신의 학문적 재능으로 세자를 위협하는 수준에까지 이르렀다. 이 점은 태종 16년 7월 18일자(양력 1416년 8월 10일자)《태종실록》에 소개된 경회루 일화에서 잘 드러난다.

양력으로 8월 초순인 이날, 태종 이방원은 평소 잘 가지 않는 경복궁에서 상왕 정종을 위한 연회를 베풀었다. 이방원은 경복궁이

한겨울의 경복궁 경회루. 서울시 종로구 세종로 소재.

형세가 좋지 않다는 이유로 싫어했다. 그래서 창덕궁을 새로 지었다. 형세가 좋지 않다는 말은 핑계였을 것이다. 실은 그곳이 라이벌 정도전이 만든 곳인 데다가 이방원 자신이 아버지를 몰아내고 정권을 잡은 곳이라 왠지 꺼림칙했을 수도 있다. 평소에 가기 싫어했던 경복궁에 가기로 마음먹은 이방원은 상왕인 둘째 형을 위해 이러저러한 행사를 열었다. 그 행사 중 하나가 시를 짓는 것이었다.

사람들이 서로 이어가며 시를 짓고 있는데 충녕대군 이도가 갑자기 끼어들었다. 이때 이도는 스무 살이었다. 이도가 《시경》을 인용하면서 지식을 '과시'하자, 충녕대군을 향해 감탄 어린 시선을 보내던 태종이 세자를 돌아보며 불쑥 내뱉은 말이 있다. "너는 어째서 학문이 아우만 못한 것이냐?"라고 한 것이다.

세자는 미래의 왕이다. 세자의 권위를 세워주는 것은 미래의 군주를 위한 배려다. 그런데 충녕대군의 '지식 자랑'으로 인해, 세자 이제는 많은 사람이 보는 데서 아버지에게 면박을 받았다. 후계자 선정이 현직 군주의 복심에서 이루어지는 상황에서 현직 군주가 세자를 상대로 '너는 왜 그 모양이냐?'는 식으로 말했으니, 세자의 체면이 어땠을지 쉽게 짐작할 수 있다. 세자를 그렇게 만든 것은 충녕대군 이도였다.

왕자 나이 스물이면 자신이 어떻게 처신해야 하는지 충분히 알았으리라. 이도는 자신의 행동이 세자를 곤경에 빠뜨릴 거라는 점을 분명 알았을 것이다. 그런데도 목구멍까지 나온 말을 그냥 도로 집어넣지 않았다. 이것은 이도가 소심하게 행동하는 왕자가 아니었음을 보여준다. 자신이 왕이 될 수 없는 왕자이기에 조용히 숨죽여 살아야 한다는 세상의 통념에 그다지 관심을 보이지 않았던 것이다.

세자 이제가 왕자 이도와 비교되었다 해서 이제가 심하게 무식했던 것은 아니다. 붓보다는 검을 잡는 게 더 잘 어울렸지만, 그렇다고 학문적 능력이 전혀 없지는 않았다. 조선 왕실의 영재교육 시스템에서는 바보가 아닌 한 보통 이상의 능력을 가질 수밖에 없었다.

성균관의 강의실인 명륜당. 서울시 종로구 명륜동 소재.

조선 왕실의 조기교육 시스템이 어땠는지는 18세기 사도세자의 사례에서도 잘 나타난다. 사도세자의 부인인 혜경궁 홍씨가 기록한 《한중록》에는 경모궁(사도세자의 사당 명칭, 사도세자 지칭)이 받은 왕실 교육의 내용이 다음과 같이 소개되어 있다.

경모궁께서는 태어나면서부터 체자의 자질이 뛰어나게 영리하시고 특별히 비범하시었다. 궁중에 기록되어 전하는 글을 보면, 태어난 지 백일 안에 기이한 일이 많았다. 넉 달 만에 걸었고 여섯 달 만에 영묘(영조)의 부르심에 응대하셨으며, 일곱 달 만에 동서남북을 가리키셨다. 두 살 때 글자를 배워 60여 글자를 다 쓰셨고, 세 살 때에는 다식(茶食)을 드리자 수(壽) 자나 복(福) 자 찍은 것은 잡수시고 팔괘(八卦) 찍힌 것은 따로 놓고 잡숫지 않으셨다. 모시는 이가 드시라고 권하자 "팔괘는 먹는 것이 아니라서 싫다."고 하셨고, 태호 복희씨가 그려진 책을 높이 들게 하여 절하셨다. 또 천자문을 배우시다가 치(侈) 자와 부(富) 자가 나오자, 치(侈) 자를 짚고 입은 옷을 가리키시며 "이것이 사치다."라고 하셨다.

이 내용에 따르면, 사도세자가 매우 비범했던 것은 사실이다. 그의 비범성을 제외하고 왕실의 교육 프로그램만 살펴보면, 만 1세 유아에게 글자를 가르치고 만 2세에게 《주역》의 팔괘를 가르친 점을 알 수 있다. 이 정도로 철저하게 영재교육을 받은 조선의 세자나 왕자들은 일반 아이들보다 훨씬 더 똑똑했다. 다소 관례적인 측면도 있었지만, 왕세자들이 10대 이전에 국립대학 성균관에 입학한 것은 이들이 일반 유생들에게 별반 뒤지지 않은 학문적 능력을 보유했기 때문이라고 볼 수 있다.

세자 이제는 동생한테는 뒤졌지만 어릴 때부터 이러한 교육을 받았기에 학문적 능력이 일반 유생들보다 나았다고 볼 수 있다. 집안이 전반적으로 똑똑한데, 이제 한 사람만 학문적 능력이 떨어졌으리라고는 볼 수 없다. 다만, 학문보다 무예와 사냥을 더 좋아했을 뿐이다. 충녕대군 이도의 학문 실력으로 인해 이제의 학문적 능력이 빈약해 보이고 무예 능력이 훨씬 더 부각되었을 수도 있다.

이도가 학문을 논하는 자리에서 큰형을 망신 준 일은 한두 번이 아니었다. 이제 역시 상당한 학문 능력을 갖추었을 텐데도 이도는 공개적인 자리에서 큰형의 체면을 깎아내렸다. 어쨌든 이도는 조선의 차기 임금을 기죽이는 존재였다. 이도가 그러한 행동을 한 것은 분명히 뭔가 의도한 바가 있었기 때문일 것이다. 과연 그 의도는 무엇일까?

갈등하는 아버지

 이도의 출중함은 큰형 이제 못지않게 아버지 이방원에게
도 괴로움을 안겨주었다. 어쩌면 '못지않게'가 아니라 '그
이상으로'라고 표현해야 옳을지도 모르겠다. 이방원은 셋
째 아들의 탁월함에 감탄해서 첫째 아들을 질책하긴 했지만, 이로
인해 그 누구보다도 힘들어했을 사람이다. 이방원이 이 때문에 얼마
나 조심스럽고 힘들었는지를 보여주는 일화가 많은데, 그중 두 가지
장면을 소개한다.

첫 번째는 태종 이방원이 나이 오십을 바라볼 때의 일이다. 하루
는 공주와 왕자들이 아버지의 무병장수를 기원한다면서 잔치를 열
었다. 태종 13년 12월 30일자(1414년 1월 21일자) 《태종실록》에 따르

면, 이 모임은 1413년 겨울부터 1414년 초겨울 사이에 열렸는데, 세자 이제가 폐위되기 4년 전이며 이도의 나이는 열여덟 살이었다.

이날 연회에서는 노래와 시에 대한 토론이 오갔다. 그러던 중, 이도가 아버지에게 질문을 하나 했다. 어떤 내용인지는 알 수 없지만, 상당히 깊이 있는 질문이었던 듯하다. "(그 질문이) 심오해서 임금께서 가상히 여겼다."고 《태종실록》에 기록되어 있다. 이 상황을 붓으로 담은 사관(史官)들은 순간적으로 드러난 임금의 심리를 놓치지 않았다. 이방원이 셋째 아들의 말에 흡족한 표정을 지으면서도, 정작 셋째를 칭찬하지 않고 첫째에게 눈길을 돌리는 장면을 포착했다. 이방원은 첫째를 바라보면서 "앞으로 너를 도와 큰일을 해낼 아이다."라고 말했다.

일반적인 경우라면, 대견한 질문을 한 당사자를 칭찬했을 것이다. 이방원도 그러고 싶었을지 모른다. 하지만 그 순간 그는 속마음을 단속했다. 바로 옆에 장남이 있다는 걸 의식한 것이다. 잘못 말했다가는 첫째가 질투를 느낄 것이고 그러면 장차 화가 생길지 모른다고 판단한 것이다. 그래서 질문의 당사자를 칭찬하지 않고 엉뚱하게 첫째에게 말을 던진 것이다. 첫째가 질투심을 느끼지 않도록 하려는 의도였으리라. 이방원이 아들들 간의 분쟁 가능성을 얼마나 염려했는지 보여주는 대목이다. 자신이 그러한 전력(前歷)이 있으니까 그럴 수밖에 없었을 것이다.

공식 의례복을 입은 세자의 모습. 종묘(왕립
사당)의 세자재실(세자 대기실)에서 촬영함.
서울시 종로구 훈정동 소재.

두 번째는 태종 14년 10월 26일(1414년 12월 8일)의 일이다. 세자와 대군들이 부마(세자 입장에서는 매형) 이백강의 집에서 밤샘 연회를 즐겼다. 그 연회에서 세자가 큰누나인 정순공주에게 무심코 한마디를 내뱉었다. 그리고 그 한마디가 다음 날 이방원의 귀에 들어갔다.

문제의 한마디는 "충녕은 보통 사람이 아니에요."라는 말이었다. 이 말이 아버지의 귀에 들어간 것이다. '큰애가 동생을 칭찬했구나' 하고 그냥 넘길 수도 있는 한마디였다. 그러나 이방원은 그냥 지나치지 않았다. 언뜻 들으면 칭찬 같은 그 말 속에서 뭔가 위험한 기운을 감지한 것이다. 그는 첫째가 셋째한테 경쟁심을 드러냈다고 판단했다. 사관들도 그런 이방원의 심리를 포착하고 그의 표정과 발언을 사료에 기록했다. 위 날짜의 《태종실록》에 수록된 이방원의 반응은 아래와 같다.

임금께서 그 말을 듣고 불쾌해하면서 "세자는 동생들과 비교할 바가 아니다. 모임을 파했으면 (일찍) 돌아오는 게 옳거늘, 어째서 이렇게 방종하게 놀았느냐!"라고 말하시었다.

언뜻 보면, 세자와 대군들이 밤새 놀았다는 이유로 이방원이 화를 낸 것처럼 해석할 수도 있다. 하지만 사관은 이방원이 화를 낸 계기를 설명하면서 "그 말을 듣고 불쾌해하면서"라고 기록했다. 이방원이 화를 낸 것은, 세자가 겉으로는 동생을 칭찬하는 것 같지만 속으로는 견제하는 발언을 내뱉었기 때문이다. 이방원은 그것이 취중진담이라고 판단했고, 그래서 "동생들과 너를 비교하지 마라."고 말한 것이다. 이것이 핵심이자, 장남에게 하고 싶었던 말이다. 바로 뒤에 이어지는 "모임을 파했으면 (일찍) 돌아오는 게 옳거늘, 어째서 이렇게 방종하게 놀았느냐!"라는 부분은 옆에 있는 사람들에게 들으라고 한 말일 가능성이 높다. 세자 이도와 왕자 이도의 관계에 촉각을 곤두세우고 있다는 심중을 들키지 않으려고 일종의 연막을 피운 것이라고 볼 수 있다.

후세 사람들은 양녕대군 이제가 충녕대군 이도를 위해 왕위를 포기했을 것이라고들 말한다. 하지만 그 점을 입증할 유력한 증거는 없다. 두 사람의 관계를 지켜본 아버지 이방원은 장남의 그릇이 그리 크지 않다고 보았다. 이방원의 눈에 비친 큰아들 양녕대군은 동생 충녕대군에게 질투심을 느끼는 모자란 형이었다.

태종 16년 2월 9일자(1416년 3월 8일자)《태종실록》에 따르면, 이방원과 양녕대군 이제가 세상 사람들의 능력을 평가하면서 대화를 나눈 일이 있다. 이때 충녕대군 이도에 대한 이야기가 나왔다. 그러자 이제는 "충녕은 용맹하지 못합니다."라고 평가했다. 이에 대해 이방원은 반박하며 "충녕대군은 용감하지 못한 듯하면서도 중요한 상황에서는 결단을 잘한다."고 평가했다.

이 대화에도 나타나듯 첫째 이제는 셋째 이도에게 모종의 경쟁심이 있었다. 그런 경쟁심을 속으로만 품고 있었던 게 아니라 최고 통치권자 앞에서 입밖으로 내뱉었다. 이제가 이도를 동생이 아니라 라이벌로 여기고 있음을 이방원에게 보여준 셈이다. 그래서 이방원이 두 형제 사이를 예의주시한 것이다.

아버지 이방원은 첫째와 셋째의 관계에 민감하게 반응했다. 첫째가 술자리에서 셋째에 대해 스치듯 말한 한마디까지 일일이 보고된 것은, 이방원의 눈과 귀 역할을 하는 내관이나 궁녀들이 '임금이 두 아들의 관계를 우려하고 있으며, 임금이 바라는 정보가 무엇인지'를 잘 알고 있었기 때문이다. 아버지 이방원이 이렇게까지 민감해진 본질적 원인은 이 글의 주인공인 충녕대군 이도가 너무 똑똑한 데 있었다. 왕이 될 수도 없는 왕자가 너무 똑똑했던 것이다.

충녕대군 이도는 자기가 큰형을 난처하게 만들고 있다는 것을 알고 있었다. 그렇다면 아버지 이방원이 자신과 큰형 때문에 괴로워한다는 것도 알고 있었을 것이다. 추론을 이어나가보면, 이도가 그런 아버지의 갈등을 지켜보면서 성장했을 것이라는 점을 충분히 짐작할 수 있다. 이도는 공부만 열심히 하면서 성장한 게 아니라, 아버지와 큰형의 눈치를 의식하면서 동시에 자신의 실력을 갈고닦으며 성장했으리라.

형님은
나의 형이지만
세자감은
아니다

큰형이 잘되기를
바라는 동생

큰형이 세자가 된 지 4년째인 1408년에 이도는 충녕군에 봉함을 받았다. 나이는 열두 살이었다. 나중에는 왕비의 아들은 대군(大君), 후궁의 아들은 군(君)이 되었지만, 이때만 해도 그런 구분이 없었다. 그래서 충녕군이라는 군호(君號)를 받은 것이다. 그러다가 열일곱 살 때인 1413년에 충녕대군으로 봉해졌다.

이도는 작위만 올라간 게 아니라 실력과 품성도 좋아졌다. 그리고 또 좋아진 게 있다. 바로, 입바른 소리를 잘하는 특성이다. 이러한 이도의 특성은 문제 많은 큰형을 향해 곧잘 표출되었다. 큰형이 세상의 존경을 받는 모범적인 세자가 되기를 바랐던 그는 큰형이 공부를 게을리하고 여자 꽁무니만 따라다니는 것을 싫어했다. 그래서 틈만 나면 "그러지 마시라."고 큰형에게 충고했다.

한번은 이러한 일도 있었다. 여자를 만나러 가는 큰형의 길목을 막아선 것이다. 태종 16년 3월 20일자(1416년 4월 17일자)《태종실록》에 당시 상황이 자세히 기록되어 있다.

그날 왕실 가족들은 인덕궁에서 연회를 즐기고 있었다. 인덕궁은 지금의 청와대 서북쪽에 있던 왕궁으로, 태종에게 왕위를 물려주고 퇴위한 정종이 상왕으로 지내며 거처하던 곳이다. 정종이 주최하는 이 자리에는 태종을 비롯한 왕족들이 대거 참석했다. 세자 이제와 충녕대군 이도도 물론 참석했다.

이 연회가 끝난 직후에 이제는 엉뚱한 짓을 저질렀다. 매형 이백강의 기생첩인 칠점생과 단둘만의 시간을 가지려 한 것이다. 이도 옆에는 내시들이 여럿 있었다. 이들 중 일부가 세자의 움직임을 이도에게 알려주었으리라. 그러지 않았다면 이도가 큰형과 칠점생의 은밀한 움직임을 알아챌 수 없었을 것이다. 동생 이도가 보는 앞에서 이제가 기생과 행동을 함께했을 리도 없으니 말이다. 아무래도 이도가 큰형의 움직임에 예민한 반응을 보이다 보니, 아랫사람들도 세자의 행보에 극도로 민감해졌을 것이다.

첩보를 받은 이도는 세자가 있는 곳으로 급히 달려갔다. 세자와 칠점생을 발견한 이도는 두 사람의 앞길을 막아섰다. 세자도 당황

조선시대 기생의 모습. 강원도 강릉시 죽헌동의 오죽헌 내 향토민속관에서 촬영함.

했겠지만 칠점생도 적잖이 당황했을 것이다. 이도는 큰형에게 호통을 치기 시작했다.

"어떻게 친척 간에 이럴 수 있습니까?"

매형의 기생과 어떻게 이러한 짓을 할 수 있느냐고 꾸짖은 것이다. 이제는 동생의 꾸짖음이 불쾌했다. 그래서 무시하고 그냥 지나가려 했다. 그러나 이도는 큰형을 막아서며 또다시 나무랐다. 《태종실록》에서는 이도가 똑같은 말을 두세 번이나 반복했다고 한다. 그

냥 길을 막아서는 것도 아니고 '어떻게 친척끼리 이럴 수 있느냐?'
며 도덕성을 건드리는 동생 앞에서 이제도 어쩔 수 없었던 모양이
다. 이제는 분노했지만, 동생을 나무랄 명분이 없어서 분노로 끝날
수밖에 없었다. 결국 동생의 말을 따랐다. 하지만 행동으로만 따랐
을 뿐이지, 마음으로는 그렇지 않았다. 《태종실록》에서는 이것이
두 형제를 갈라놓는 중요한 계기가 되었다고 말한다. 이도는 이런
식으로 큰형의 잘못을 지적하곤 했다.

　유사한 일은 그로부터 얼마 뒤에도 있었다. 태종 16년 9월 19일
자(1416년 10월 9일자)《태종실록》에 기록된 일이다. 이날도 이제는
동생에게 꾸지람을 들었다. 이날 그는 할머니인 신의왕후 한씨의
기일을 맞아 절에 가서 분향을 했다. 그런 뒤에 절에서 바둑 기사
두세 명을 불러 바둑을 뒀다. 이 모습을 본 이도는 할머니의 기일에
이 무슨 일이냐고 '충고'를 했다. 그러자 이제는 같은 절에 있는 관
음전에 들어가서 낮잠이나 자라고 응수했다. 하지만 이도는 군자가
이러한 일을 해서는 안 된다면서 '설교'를 했다. 그러자 이제가 꽤
불쾌한 반응을 보였다고 한다. 이번에는 이도의 충고를 따르지 않
은 것이다. 이제에게는 이도가 이미 상당히 불편한 존재가 되었음
을 보여주는 일화다.

이제에게는 동생의 행동이 당돌하게 비쳤을 것이다. 하지만 이도의 입장에서 보았을 때 그것은 상당한 용기를 필요로 하는 행동이었다. 이도에게 있어서 이제는 단순한 형이 아니었다. 장래의 임금이었다. 자신은 장차 큰형의 신하가 되어야 했다. 그런데도 이도는 형 앞에서 당돌한 충고를 서슴지 않았다. 그래서 이도의 행동은 용기를 필요로 하는 것인 동시에 좀 위험한 것이었다.

이러한 위험을 무릅쓰면서까지 형의 비행을 따끔하게 충고한 것은 이도의 마음속에 큰형을 위하는 마음이 있었음을 시사한다. 큰형의 비행을 부각시킬 생각이었다면, 굳이 그런 방법을 사용하지 않더라도 큰형의 비행을 얼마든지 세상에 알릴 수 있었을 것이다. 좀 입바른 편이기는 하지만, 이도가 큰형이 잘되기를 희망했다는 것을 부정할 수는 없을 것이다.

그런데 이도는 큰형이 잘되기를 바라면서도, 자신의 똑똑함이 왕실과 조정에 알려지는 것을 막지는 않았다. 그는 기회만 있으면 자신의 명석함을 세상에 알렸다. 세자 이제에게 이도는 쉽게 이해할 수 없는 동생이었을 것이다. 아버지 이방원이 보기에도 조금은 그랬을 것이다.

세자 이제의 계속되는
자충수

 이도는 큰형이 정신을 차리고 제왕 수업에 전념하기를 희망했다. 하지만 세자 이제는 도통 변할 줄을 몰랐다.

그는 톱스타 연예인 뺨치는 스캔들을 뿌리며 세상의 이목을 끌었다. 일종의 비정규직 궁녀인 무수리들에게까지 손을 댄 것이다.

물 긷는 일이나 불 때는 일 같은 힘든 업무를 담당하는 무수리들은 본래 현대 회사원처럼 출퇴근 형식으로 근무했다. 자기 집에 살면서 궁을 오가며 일한 것이다. 그러다 보니 궁궐 내부의 기밀이 무수리들에 의해 외부로 새는 일이 많았다. 그래서 태종 정권 후반기인 1412년부터는 무수리들에게 궁궐 안에서 숙식을 해결하도록 했다. 이를 위해 궐 안에는 수사간(水賜間)이라 불린 무수리 숙소가 마련되었다.

무수리 숙소가 설치되자 누구보다 반긴 인물은 세자 이제였다. 태종 17년 윤5월 21일자(1417년 7월 5일자) 《태종실록》에 따르면, 그는 마음에 드는 무수리들에게 야간에 자기 숙소 근처에서 숙직을 설 것을 명령했다. 이 때문에 측근들이 세자에게 그러지 말라고 충고하는 일까지 있었다고 한다.

실록에는 더 이상의 정보가 실려 있지 않지만, '이 정도면 후세의 독자들이 상황을 짐작할 수 있으리라'고 고려하여 그 정도에서 기록을 그쳤을 것이다. 일반적으로 무수리들은 궁녀들보다 나이가 훨씬 더 많았고, 그중에는 유부녀도 있었다. 이로써 이제가 얼마나 '전방위적'으로 스캔들을 뿌렸는지 짐작할 수 있다.

이제가 뿌려댄 수많은 스캔들 중에서 대표적인 것이 초궁장 사건과 기생 어리 사건이다. 두 사건 다 남의 여인과 접촉함으로써 발생한 스캔들이다. 초궁장과 어리가 남의 여인이 아니었다면, 그렇게까지 문제가 확대되지는 않았을지도 모른다. 이 두 사건을 계기로 이제는 세자 자질 시비를 초래하게 되었고 결국 세자 자리에서 낙

마하게 되었다.

그런데 초궁장 사건의 경우에는 이제 본인이 좀 억울할 만도 하다. 세상 사람들은 세자가 상왕인 정종의 여인을 건드렸다고 비난했지만, 세자 입장에서는 자신이 큰아버지의 여인을 건드린 게 아니라 큰아버지가 자신의 여인을 건드린 것이기 때문이다. 이 사건은 태종 15년 5월 13일자(1415년 6월 19일자) 《태종실록》에 소개되어 있다.

"상왕이 일찍이 초궁장을 가까이하였는데, 세자가 이를 알지 못하고 사통하였기에 초궁장을 (궁궐에서) 내쫓았다."

이 기록만 놓고 보면, 세자 이제는 큰아버지의 여자를 건드린 부도덕한 사람이 된다. 그런데 6개월 전의 사실을 기록한 태종 14년 10월 26일자(1414년 12월 8일자) 《태종실록》에서는 세자와 초궁장의 관계를 자연스럽게 기술하고 있다. 이 기록에는 부마 이백강의 집에서 열린 대군들의 연회에서 세자가 "기생 초궁장을 끼고" 밤새 놀았다는 내용이 담겨 있다.

태종은 측근들을 동원해 세자의 일거일동을 관찰하고 있었다. 그렇기에 세자가 상왕의 여인과 접촉했다면, 태종은 분명히 진노했을 것이다.

그런데 이백강의 집에서 열린 연회에 관해 보고받은 태종은 "너 누구랑 놀다가 왔느냐?"고 나무라지 않고 "너 어쩜 그렇게 방종하게 놀 수 있느냐?"고 나무랐다. 밤새도록 기생을 끼고 술을 마신 사실을 나무랐을 뿐, 상왕의 애첩과 밤새도록 술을 마신 사실은 꾸짖지 않은 것이다. 위 날짜의 《태종실록》에서는 세자가 연회 도중에 내뱉은 "충녕은 보통 사람이 아니다."라는 발언을 문제 삼고 있을 뿐, 초궁장과 함께 술을 마신 사실에 대해서는 문제 삼고 있지 않다.

이러한 점을 본다면, 초궁장은 궁궐에서 쫓겨나기 6개월여 전만 해도 상왕의 여인이 아니었음을 알 수 있다. 그때만 해도 상왕의 여인이 아니었기에, 세자가 초궁장과 함께 밤새 술을 마신 사실이 실록에서 대수롭지 않게 취급될 수 있었던 것이다. 만약 그때 초궁장이 상왕의 여인으로 알려져 있었다면, 연회를 주관하는 사람들이 초궁장이란 기생을 초대하지도 않았을 것이고 그를 세자 옆자리에 앉히지도 않았을 것이다. 따라서 초궁장을 먼저 사귄 사람은 이제고, 그 뒤에 상왕이 초궁장을 가까이 한 것으로 볼 수 있다. 그래서 이제 입장에서는 억울할 만도 하다고 말한 것이다.

그런데 초궁장 사건이 아니더라도 이미 이제는 세자의 권위를 갖췄다고 할 수 없는 상태였다. 억울한 면이 없지 않은데도 초궁장 사건으로 그가 비난받을 수밖에 없었던 이유는 여러 차례의 동종 전력으로 인해 세상의 신뢰를 잃었기 때문이다. 자신이 가까이하는 여성이 큰아버지를 만나는 줄도 모르고 계속 접촉했으니, 그가 얼마나 이성을 잃은 상태였는지 짐작할 수 있다.

이도의 존재감 드러내기와
이방원의 결단

 세자 이제가 계속해서 자충수를 놓는 것과는 반대로
이도는 계속해서 자신의 존재감을 보였다. 한편으로는
큰형을 올바른 길로 이끌려고 노력하면서도, 한편으로
는 자신의 능력과 자질을 세상에 유감없이 과시한 것이다. 이도는
이제의 스승들이 곤혹해하고 끊임없이 염탐할 정도로, 자신의 학문
적 능력과 후계자의 자질을 세상에 보여주었다. 이러한 분위기가
느껴지는 대목을 《태종실록》에서 찾을 수 있다.

태종 16년 9월 7일자(1416년 9월 27일자) 《태종실록》에 세자빈객(世
子賓客) 변계량(卞季良, 1369~1430)이 등장한다. 세자빈객은 왕세자
교육기관인 세자시강원의 장관급 관리다. 변계량은 고려시대부터

관료로 활약했으며 조선시대 시조집인 《청구영언》에도 다음의 시조를 남긴 인물이다.

> 내게 좋다 하여 남 싫은 일 하지 말고
>
> 남이 한다 해도 의(義) 아니면 좇지 마라
>
> 우리는 천성을 지키며 생긴 대로 하리라

1416년 당시 48세였던 변계량은 출근할 때마다 골치가 아팠다. 세자가 공부를 게을리했기 때문이다. 세자빈객의 직책을 맡고 있는 그로서는 속이 타지 않을 수 없었다. 오늘날의 교사는 학생이 공부를 못한다고 해서 학부모에게 책임을 지우지는 않지만, 세자빈객은 '학부형'에게 책임을 추궁당할 뿐만 아니라 경우에 따라서는 자신의 명운까지 걸어야 했다.

그런 변계량을 한층 애타게 만든 인물이 바로 충녕대군 이도였다. 왕자가 세자보다 훨씬 더 공부를 잘하니 변계량은 이도의 일거일동에 관심을 기울이지 않을 수 없었다. 세자보다 왕자가 공부를 더 잘하면 세자빈객의 체면이 깎이는 것은 물론이고, 만약에라도 세자가 바뀌는 날에는 경을 칠 수도 있었기 때문이다.

《태종실록》에 따르면, 48세나 된 변계량은 10대 후반인 이도에게 시기심을 느꼈다고 한다. 그래서 그는 세자에게 이도 왕자의 이야기를 자주 했다고 한다. 세자를 분발케 할 생각이었던 것이다. 또한 변계량은 이도를 보좌하는 환관들에게도 "대군께서 요즘은 무슨 책을 보시느냐?"고 물어보곤 했다. 환관들이 요즘 무슨 책을 읽고 계신다고 대답하면 감탄사를 발하면서 탄복하는 모습을 보여주었다.

《태종실록》에는 또 다른 세자빈객인 이래(李來, 1362~1416)도 변계량과 비슷한 행동을 했다고 기록되어 있다. 어쩌면 변계량은 큰형의 체면을 깎아내리면서까지 학문적 명성을 날리는 이도 왕자에게 "내게 좋다 하여 남 싫은 일을 하지 마십시오."라는 말을 꼭 해주고 싶었을지도 모른다.

세자 이제의 또 다른 스승으로 남재(南在, 1351~1419)라는 학자가 있었다. 이방원의 적인 정도전과 한편인 남은(南誾, 1354~1398)의 형이다. 그러나 남재와 이방원의 관계는 좋았다. 그래서 정도전과 남은이 죽임을 당했을 때에도 남재는 화를 피할 수 있었다.

태종 15년 12월 30일자(1416년 1월 29일자) 《태종실록》에 따르면, 이도가 남재를 찾아간 자리에서 이방원과 관련된 일화를 전해들었다고 한다. 남재가 왕자 시절의 이방원에게 공부를 열심히 하시라고 권했더니, 이방원은 세자도 아닌 왕자가 공부를 해서 뭐하느냐고 대답했다는 이야기였다. 이는 세자가 아닌 이방원이 지금 왕이 됐듯이 충녕대군 당신도 왕이 될 수 있다는 메시지를 담은 이야기였다.

그러면서 남재는 이도가 학문에 정진하는 것을 칭찬하면서 "제 마음이 기쁩니다."라고 말했다. 이렇게만 계속하면 충녕대군 당신이 왕이 될 수 있다는 격려의 메시지였다. 이방원과의 친분이 아니었다면, 당장에라도 목이 날아갈 수 있는 말이었다. 그런데도 이 말을 전해들은 태종 이방원은 "과감하네! 그 늙은이가!"라고 말하고 치웠다고 한다.

이와 같이 세자 이제가 끊임없이 스캔들을 일으켜 세상의 주목을 끌 때 왕자 이도는 학문적 재능으로 세상의 주목을 받았다. 그는 이제의 스승들에게 견제도 받고 찬사도 들으면서 세자의 입지를 위태롭게 만들었다. 이러한 점을 본다면, 1418년에 발생한 세자 교체는 이제의 난행에 더해 이도의 자기 드러내기가 겹쳐 발생한 사건이라고 볼 수 있다. 세자가 아무리 문제를 일으킨다 해도 세자를 대신할 대안이 없다면, 태종 이방원이 그렇게 전격적으로 세자를 교체할 수는 없었을 것이다. 세자를 대신할 카드가 있었기 때문에 이방원이 세자 교체라는 결단을 내릴 수 있었다.

따라서 이도의 마음속에는 자신이 큰형을 제치고 왕이 될 수도 있다는 기대감이 어느 정도는 있었다고 볼 수밖에 없다. 그런 마음이 없었다면, 아버지와 세상을 상대로 그처럼 노골적으로 능력과 자질을 과시하지는 않았을 것이다.

자신은 전혀 원치 않는데 세상이 자기를 알아주는 경우는 극히

드물다. 산속에 숨어 사는 처사(處士)가 세상에 알려지는 경우도 마찬가지다. 산속에 숨어 자신을 철저히 숨긴다면 세상이 어떻게 처사의 능력을 알아낼 것인가? 어떤 방법으로든지 자신의 재주를 세상에 알리기 때문에, 산 아래에 사는 왕이나 귀족들이 산속으로 처사를 찾아가는 것이다.

이도의 경우도 별반 다르지 않을 것이다. 이도가 자신의 능력을 숨겼다면, 세상이 그와 큰형을 그렇게까지 비교하지는 않았을 것이다. 게다가 이도는 숨기기는커녕 자신의 능력을 마음껏 보여주었다. 이도가 태어난 이래 조선왕조에서 한 번도 장자 상속이 이루어진 적이 없으니, 그가 생각하기에는 유능한 왕자가 무능한 장남을 대체하는 게 그리 이상한 일도 아니었을 것이다.

이방원은 세자가 곽선의 첩인 어리를 건드려 또다시 평지풍파를 일으키자 드디어 세자 교체를 결심한다. 더는 그냥 둘 수 없다고 판단한 것이다. 결단을 내린 그는 행동으로 옮겼다. 이때가 태종 18년 6월 3일, 양력으로 1418년 7월 6일이다. 당시 동아시아 평균기온이 지금보다 1도 정도 낮았으니, 오늘날의 7월처럼 덥지는 않았을 것이다. 하지만 그 시대 사람들한테도 7월은 상대적으로 무더웠을 것이다. 무더운 계절에 세자 이제가 쫓겨나고 대군 이도가 새로운 세자가 되었다.

이 사건은 정안군 이방원이 1398년 제1차 왕자의 난 때 세자 이방석을 죽이고 둘째 형 이방과를 세자로 추대한 데 이어 두 번째로 발생한 세자 교체였다. 첫 번째는 유혈을 동반한 세자 교체였지만, 두 번째는 임금의 결단에 의한 세자 교체였다. 그래서 1418년의 세자 교체는 외형상 평화롭게 이루어졌다. 하지만 이방원으로서는 전자보다 후자의 세자 교체가 훨씬 더 괴롭고 힘들었을 것이다.

뒷일을 걱정하는
이방원

 세자를 내쫓은 이방원은 혹시라도 자신의 결단이 훗날 왕실에 나쁜 영향을 주지 않을까 염려했다. 이방원 자신이 관련된 두 차례의 세자 교체가 선례가 되어 아들들의 대에 왕자의 난이 재연되지 않을까 우려했던 것이다. 그래서 그는 이제를 내쫓으면서 깊이 고뇌했다. 이제에게 새로이 줘야 할 대군호(大君號), 즉 대군 칭호를 결정하는 과정에서 그의 깊은 고뇌를 엿볼 수 있다.

이방원은 아들들의 대군호 혹은 군호에 한결같이 편안할 녕(寧) 자를 넣었다. 양녕·효령·충녕·성녕 대군 및 경녕·성녕·온녕·근녕·혜령·희령·후령·익녕 군으로 말이다. 이방원이 그렇게 한 이유는 무엇일까? 설마 아들이 많아서 기억하기 좋으라고 그런 것일까? 제2대 정종은 태조나 태종보다 훨씬 더 많은 아들을 두었지만 아들들의 군호에 돌림자를 넣지는 않았다. 이방원 역시 그런 이유로 돌림자를 넣은 것은 아니리라.

일반적인 옥편에서는 '녕'을 '편안하다'로 풀이한다. 그러나 '편안하다'만으로는 '녕'의 의미를 온전히 살릴 수 없다. 중국 춘추시대의 시들을 정리한 《시경》에 실린 시구 중 "부모를 뵈러 가다(歸寧父母)"에 '寧(녕)'이 나온다. 시집간 딸처럼 멀리 떨어져 사는 자식이 부모를 뵈러 가는 것을 '寧(녕)'이라고 표현한 것이다.

이와 동일한 의미를 담고 있는 게 《춘추좌씨전(春秋左氏傳)》에 대한 두예(杜預, 222~284)의 주석이다. 좌구명(左丘明)이 지은 《춘추》 해설서인 《춘추좌씨전》에 대한 풀이에서 두예는 "寧(녕)이란 부모의 안부를 묻는 것이다(寧間父母安否)."라고 풀이했다.

한편, 당나라 학자인 안사고(顏師古)는 한나라 역사서인 《한서》에 대한 주석에서 "寧(녕)이란 집에서 상복을 입는 것을 말한다(寧謂處家持喪服)."라고 풀이했다. 즉, '녕'을 '돌아가신 부모를 위해 자식이 집에서 거상(居喪)하는 것'이라고 했다.

정리해보면 한자 '寧(녕)'에는 '자식이 살아계신 부모를 뵈러 집으로 가는 것', '돌아가신 부모를 위해 자식이 집에서 거상하는 것' 등의 의미가 담겨 있다. 다시 말해 '녕'은 부모가 살아계시든 돌아가

헌릉의 봉분. 태종 이방원이 묻힌 곳이다. 서울시 서초구 내곡동 소재.

셨든 간에 자식들이 그 곁으로 모이는 것, 부모와 자식이 어떤 형태
로든 함께 있는 것을 뜻한다.

'寧(녕)'의 고전적 의미를 고려해볼 때, 우리는 이방원이 아들들
의 대군호 혹은 군호에 일률적으로 '녕'을 집어넣은 이유를 짐작할
수 있다. 그는 아들들이 왕위를 놓고 서로 싸우지 않기를 바랐을
뿐만 아니라 자신과 아들들이 한 울타리에서 행복하게 살기를 꿈
꾼 것이다.

이방원은 조선이 건국된 1392년부터 1400년까지 계속해서 형제

들과 대립했다. 그가 첫아들을 낳은 시점은 1394년이다. 제1차 왕자의 난이 벌어진 1398년 이후에도 그는 계속해서 아들을 낳았다. 왕실의 분란과 그로 인한 후유증이 계속되는 속에서 이방원은 아들들의 군호에 '寧(녕)' 자를 돌림자로 넣었다. 이는 자식들과 함께 행복하게 살기를 바란 아버지 이방원의 마음으로 볼 수 있지 않을까.

이방원은 쫓겨나는 전(前) 세자 이제에게 '寧(녕)'에 더해 '讓(양)'까지 부여했다. 이제가 폐위된 날은 태종 18년 6월 3일(1418년 7월 6일)이고, 이방원이 그를 양녕대군에 봉한 날은 이틀 뒤인 6월 5일(7월 8일)이다. 그날을 기점으로 이제는 양녕대군이란 이름으로 세상에 알려지게 되었다. 이방원이 이제에게 양보할 양(讓)의 칭호를 부여한 것은, 이제가 쫓겨나는 게 아니라 스스로 자리를 넘겨주는 것이라는 인상을 주려는 의도로 보인다. 마음 넓은 큰형이 유능한 동생에게 가업을 물려주고 떠나는 것 같은 인상을 연출하려던 게 아니었을까.

그가 이러한 고심까지 해야 했던 것은 큰아들이 대범한 인물이 아니기 때문일 것이다. 이방원이 이제를 폐위하면서도 한편으로는 뒷일을 걱정했음을 보여주는 대목이다. 이렇게 아버지가 염려를 품고 내린 결단으로 세종 이도는 세자위에 오르게 되었다.

세 번째 고뇌

나는
과연 이 나라의
주인인가

근정전에
우뚝 선 이도

 태종 18년 8월 10일, 양력으로는 1418년 9월 9일로, 무더운 날들이 가고 선선해지는 가을이 다가올 때였다.

이날, 세자 이도는 태종 이방원의 양위를 받아 조선 제4대 주상으로 등극했다. 세자가 된 지 2개월 만이었다. 이방원이 제대로 된 제왕 수업을 받을 기회도 주지 않고 즉위식장에 올려놓은 것이다. 세자 교체로 인한 혼란을 신속히 봉합하는 한편, 자신이 직접 이도의 지위를 공고히 해주려면 그렇게 할 수밖에 없었으리라.

자신이 죽은 뒤에 이도가 왕위를 계승할 경우, 조선 왕조에 반대하는 세력이 혹시라도 이도를 위협할지 모른다는 우려가 있었을 것이다. 이방원 입장에서는, 자신이 살아있는 동안 이도가 왕권을 공고히 하는 모습을 지켜보고 싶었을 것이다.

즉위식이 열린 곳은 경복궁 정전(正殿)인 근정전이었다. 정전은 편전(便殿)과 함께 임금의 집무실에 포함되지만, 편전이 일상적인 집무실인 데 비해 정전은 공식적이고 의례적인 곳이었다. 임금이 새로이 즉위한다든지, 중국 사신을 맞이한다든지 하는 공식 의례가 치러지는 집무실이 정전이었다. 경복궁에서는 근정전, 창덕궁에서는 인정전, 창경궁에서는 명정전, 덕수궁에서는 중화전, 경희궁에서는 숭정전이 정전에 해당한다. 이도가 즉위할 당시만 해도 한양의 왕궁은 경복궁과 창덕궁의 두 곳뿐이었다.

즉위 당시 이도의 나이는 스물두 살이었다. 그가 등극하는 풍경을 떠올리면서, 사극에 나오는 멋진 청년 배우를 연상하면 곤란하다. 드라마에서는 잘나고 멋있는 배우들이 이도를 연기하지만, 실제 이도는 그 모습과는 거리가 꽤 멀었다. 현재 만 원권 지폐에 새겨진 세종의 영정도 실은 화가 김기창이 상상으로 그린 것이다. 김기창은 그림과 삽화 등으로 일본제국주의의 강제징병을 찬미했다는 이유로 민족문제연구소의 《친일인명사전》에 등재된 인물이다. 일제강점기에 일본이 몰래 가져갔을 임금 초상화들을 제외하고, 현재 한국에 남아 있는 임금 초상화는 조선 태조·영조·철종의 것뿐이다. 그렇기에 해방 뒤에 김기창이 그린 세종의 모습은 그의 머릿속에서 나온 것에 불과하다.

경복궁의 중심 공간인 근정전. 서울시 종로구 세종로 소재.

근정전 내부.

이도는 무예보다는 학문에 열중하는 왕자였다. 그래서 책상 앞에 앉아 있는 일이 훨씬 더 많았다. 책상과 너무 친한 사람의 몸매가 어떤지는 굳이 설명하지 않아도 될 것이다. 세종이 왕이 된 뒤 상왕 이방원은 정부 관청에 내린 유시(諭示)에서 다음과 같이 말한 적이 있다.

"주상은 …… 몸이 뚱뚱하고 무거우니 이따금씩 밖에 나가서 몸을 조절해야 한다."

이를 통해 즉위 당시의 이도가 비만한 체형이었음을 알 수 있다. 한창 나이인 스물두 살 청년이 뚱뚱한 몸을 하고 있었으니, 비만이 상대적으로 적었던 당시로서는 상당히 특이한 체형이었을 것이다. 물론 몸에 꽉 붙는 옷을 입지 않은 덕분에 비만 상태가 많이 드러나지는 않았겠지만, 사극에서처럼 날렵하고 늘씬한 몸매의 소유자는 아니었다. 이도는 그런 모습으로 어좌에 앉았다.

근정전 문 앞에 서서 바라보면, 근정문 너머로 광화문이 보이고 광화문 담 너머로 육조 거리가 보인다. 6대 행정부서가 모인 육조 거리를 오고 갈 백성들을 생각하면서, 이도는 자신이 그들의 통치

광화문 앞에 있는 육조거리. 사진 오른쪽 하단의 네모 부분에는 이곳이 이조 터였음을 알리는 표지가 있다.

자가 되었다는 점을 상기했을 것이다. 그들에게 세금도 거두고 그들을 병사로 활용해야 하는 임무가 자신에게 있다는 점을 상기하는 동시에, 그들을 보호하고 먹여 살릴 임무 역시 자신에게 있다는 점을 상기했을 것이다. 그러면서 원래는 이 자리가 큰형의 자리였다는 점과 자신이 큰형을 제치고 올라왔다는 점도 떠올렸을 것이다.

하지만 그가 무엇보다 가장 명심해야 할 점이 있었다. 바로 아버지가 살아계시며 아버지가 자기보다 더 큰 권력을 갖고 있다는 점이었다. 그러므로 즉위는 했지만 아직은 완전한 왕이 아니었다. 그러니 아직은 들뜨지 말아야 한다며 스스로를 억눌렀을지도 모른다.

즉위교서 반포

 즉위식 다음 날, 주상 이도는 근정전에 나아가 온 백성을 상대로 즉위교서를 반포했다. 교서에서 이도는 태조 이성계와 태종 이방원의 통치로 조선이 국내외적으로 안정된 상태에서 자신이 왕위를 잇게 되었다고 말했다.

"태조께서 대업을 세우시고 부왕 전하께서 큰 사업을 이어받으셨다."

그다음에 자신이 부왕의 건강상 이유 때문에 부득이하게 왕위를 계승하게 되었다고 언급했다. 전직 세자의 자질 문제가 아닌 태종

임금의 교서. 이 교서는 헌종 임금 때인 1842년에 허계를 삼도수군통제사에 임명할 때 내린 교서다. 서울시 용산구 용산동 전쟁기념관 소재.

의 건강 문제를 왕위 교체의 표면적 사유로 내세운 것이다.

"오랜 병환 때문에 최근 정치를 처리하시기 힘드셔서 내게 왕위를 계승하라고 명령하셨다."

두 달 전, 이방원은 이제를 세자위에서 쫓아낸 뒤 동생에게 자리를 양보한 듯한 인상을 심어주고자 양녕이라는 대군호를 주었다. 하지만 이도는 즉위교서에서 큰형이 자리를 양보했다는 말 따위는 하지 않았다. 후세에는 그렇게 믿는 사람이 있을지도 모르지만, 당시에는 그것을 사실로 믿는 사람이 없었을 것이다.

교서에서 이도는 어진 정치를 펴겠다는 포부를 밝혔지만, 오늘날의 대통령들이 하는 것처럼 구체적인 공약 같은 것은 제시하지

세종의 즉위 장면을 상상으로 묘사한 그림. 서울시 동대문구 청
량리동 세종대왕기념관 소재.

않았다. 또 새로운 정치를 하겠다는 의지도 피력하지 않았다. 다만
다음과 같이 밝혔을 뿐이다.

"태조와 부왕께서 이루어놓은 법도를 따를 것이며 아무것도 변

조선시대 죄수들의 모습. 경기도 용인시 보라동 한국민속촌 소재.

경하지 않겠다."

오늘날 우리 생각으로는 태종의 시대와 세종의 시대가 많이 다르지만, 즉위 당시의 세종은 아버지 시대의 유산을 훼손하지 않겠다는 의지를 철저히 밝히면서 왕위에 올랐다. 아버지가 상왕이 되어 자신의 배후에 있다는 점을 의식하지 않을 수 없었기에 더욱더 그랬을 것이다.

한편, 이도는 여느 왕들이 그런 것처럼 즉위 기념으로 사면령을 선포했다. 즉위식이 거행된 음력 8월 11일 새벽, 이전에 나라, 부모, 남편, 고용주(노비주) 등을 배신하여 죄를 범한 경우가 아니라면 원칙상 죄를 사면하겠다는 입장을 밝혔다. 군주, 부모, 남편, 고용주를 동일시하던 당시 사회 분위기를 반영하는 대목이다. 우리는 그 당시가 군사부일체(君師父一體) 사회였다고 알고 있지만, 이도의 즉위교서를 포함해서 법령에 나오는 조선시대의 모습을 보면 군주·스승·아버지·남편·고용주에 대한 복종을 강요하는 군사부부주일체(君師父夫主一體) 사회였음을 알 수 있다. '군사부부주'에 대한 죄를 지은 죄수를 제외한 나머지는 임금의 즉위와 함께 사면되었다.

이렇게 온 나라에 즉위교서를 반포하며 향후 정치에 대한 방향을 밝힘과 동시에 사면령을 내리면서 이도는 조선의 네 번째 주상으로 등극했다.

상왕 두 분을
모시다

 임금은 나라의 최고 지존이다. 만약 임금 위에 제3의 누군가가 있다면, 최고 지존이어야 할 임금의 위상은 어딘가 부자연스러워질 것이다. 나아가 국정 운영에서도 자연스럽지 않은 부분이 생겨날 것이다. 임금 위에 대비나 대왕대비 같은 여성 원로가 있어도 그러할진대, 살아계신 아버지가 있으면 더욱더 그러하리라. 이러한 상황에 놓인 임금의 상당수는 그렇지 않은 임금보다 훨씬 더 많은 문제에 봉착할 수밖에 없다.

남자 어른이 국가 원로로 있을 경우, 임금이 얼마나 큰 부담을 느끼는지를 잘 보여주는 사례를 가까운 과거에서 찾을 수 있다. 바로 19세기 말 흥선대원군 이하응(李昰應, 1820~1898) 부자의 사례다. 1864년에 마흔다섯 살이었던 이하응은 그해 아들 이명복(李命福, 1852~1919, 고종)을 임금으로 만들었다. 오늘날 발행된 대부분의 책에는 고종이 1863년에 등극했다고 적혀 있지만, 고종실록에 따르면, 고종은 양력으로 1864년 1월 25일(음력 12월 13일) 등극했다. 이하응은 그 후 섭정 자격으로 9년간 아들을 대신해서 국정을 이끌었다. 즉위 당시 고종은 열두 살이었다. 원칙상 대비의 수렴청정을 받아야 하는 나이였기 때문에 고종은 추존왕 익종(정조의 손자)의 부인인 신정왕후 조씨의 수렴청정을 받았다. 신정왕후는 흔히 조 대비로 불린다. 조 대비의 수렴청정이 시작됐지만, 실제로는 조 대비로부터 섭정의 대권을 받은 흥선대원군이 전권을 행사했다.

일반적으로 수렴청정을 받던 임금이 열여덟 살 정도가 되면 직접 국정을 담당하는 친정(親政)이 시작됐다. 그러나 고종이 열여덟 살이 된 1869년에 친정은 실현되지 않았다. 조 대비의 수렴청정은 1866년에 끝났지만, 흥선대원군의 섭정은 1866년 이후는 물론이고 1869년 이후에도 비정상적으로 계속되었다. 그러는 사이에 고종은 허수아비 임금이 되어 아버지의 그늘에 가려져 있어야 했다.

아버지가 실제 임금이고 자신은 허수아비 임금인 시절에 고종이 어떤 마음으로 살았는지는 그가 스무 살 이후에 취한 행동에서 잘 드러난다. 고종은 아버지가 힘을 쓰지 않았으면 절대 왕이 될 수 없었다. 그렇기에 임금이 된 뒤 얼마간은 아버지한테 고마워했을 것이다.

하지만 그 고마움은 끝까지 가지 않았다. 시간이 지날수록 '왕은 난데······.' 하는 마음이 점차 강해진 것이다. 고종이 품고 있던 그 마음은 그가 부인인 명성황후(민비)의 일가친척을 앞세워 아버지의 권력을 빼앗고 친정을 선포한 행동에서 잘 드러난다. 고종이 명성황후의 치마폭에 갇혀 살았다고 알고 있던 이들은, 고종이 이렇게까지 했다는 사실이 믿기지 않을 수도 있다.

고종이 명성황후의 조종을 받았다는 이야기를 입증하는 근거는 거의 없다. 명성황후를 시해한 일본 입장에서는 명성황후의 국정 개입을 과장할 필요가 있었을지 모르지만, 그것을 사실로 입증할 근거는 거의 없다. 객관적으로 드러난 사실은 고종이 처갓집 사람들을 앞세워 아버지를 몰아냈다는 사실뿐이다. 이것은 고종이 아버지 밑에서 허수아비 노릇을 한 10년 동안 어떤 기분으로 살았는지를 잘 보여주는 행동이다.

그 뒤 고종이 보여준 태도는 웬만한 불효자 뺨치는 것이었다. 1882년에 한양의 서민들과 하급 군인들이 한데 뭉쳐 임오군란이라는 봉기를 일으켰다. 이때 시위대는 흥선대원군을 옹립하고 한양을 장악했다. 그러자 고종은 비공식 루트로 청나라 군대를 불러들였다. 그는 청나라 군대를 이용해 민중봉기를 진압했을 뿐만 아니라 청나라 군대가 아버지 흥선대원군을 청나라로 납치하는 것도 묵인

했다. 섭정을 하며 권좌를 차지했던 흥선대원군은 청나라로 끌려가 약 2년 반 동안 억류되는 처지가 되었다.

고종의 사례는 남자 어른을 머리 위에 둔 임금이 그런 상태에서 벗어나고자 얼마나 애를 쓰게 되는지를 잘 보여준다. 내 어린 아들이 왕에 올랐다면 나는 절대 그러지 않을 것이라고 자신하는 사람이 있을지도 모르겠다. 섣불리 자신하지 말자. 권력자의 위치에 오르면 자신이 어떻게 될지 누구도 알 수 없는 일이다.

세종은 태조 이성계의 2대손이고 고종은 17대손이다. 따라서 고종은 세종의 15대손이다. 15대손인 고종 이명복이 겪게 될 심리적 곤란을 세종은 약 450년 전에 겪은 셈이다. 세종은 한 명도 아니고 두 명이나 되는 남자 어른을 모시고 임금 생활을 했다. 상왕 정종이 있는 상태에서 태종이 왕위를 넘겼으니, 이도는 두 명의 상왕을 모셔야 했다. 물론 정종은 힘이 없었으므로 아버지 태종만 신경 쓰면 됐겠지만, 어쨌든 두 명의 상왕을 모셔야 하는 입장이었다. 이도가 느낀 심리적 부담은 이만저만한 게 아니었을 것이다.

그러한 심리적 부담이 원인이 돼서 생긴 일 중 하나가 태종을 태상황(太上皇)으로 떠받들려 한 일이다. 이도가 그랬는지 측근들이

서울시 광화문광장의 세종대왕동상.

그랬는지는 알 수 없지만, 이도 측에서는 태종을 단순한 상왕이 아니라 태상황 수준으로 모시려 했다. 세종 즉위년 8월 11일자(1418년 9월 10일자)《세종실록》에 따르면, 이도는 아버지를 태상황으로 추대하고자 했다. 멀쩡할 뿐만 아니라 강력하기까지 한 아버지를 두고 자신이 왕이 되는 게 부담스러웠던 모양이다.

황제국 명나라의 신하국을 자처하던 조선에서 어떻게 황제 칭호를 사용할 수 있었을지 의아해할 수도 있다. 명나라는 조선 주상을 조선국왕으로 불렀지만 그 외의 나라는 조선 주상을 조선 황제라고 불렀다. 일본과 대마도에서 조선 주상을 황제 혹은 폐하로 불렀다는 점은 세조 9년 7월 14일자(1463년 7월 29일자) 《세조실록》이나 성종 1년 9월 19일자(1470년 10월 13일자) 《성종실록》 등에서 확인할 수 있다.

조선이 제3국과의 관계에서 황제 칭호를 사용한 점에서 짐작할 수 있듯이, 조선에 대한 명나라의 영향력은 현대 우리가 생각하는 것처럼 그렇게 강하지 않았다. 조선이 명나라에 군마를 조공했다고는 하지만, 그 대가로 중국제 비단을 훨씬 더 싼값에 받았으니 명나라에 대한 조선의 태도는 우리가 생각하는 것만큼 굴종적이지는 않았다. 그렇기 때문에 조선이 제3국과의 관계에서 황제국으로 불린다고 해도 명나라가 어떻게 할 수 있는 상황은 아니었다.

그렇지만 조선이 자체적으로 상왕을 태상황으로 부르는 것은 제3국이 조선 주상을 황제로 불러주는 경우와는 결이 다르다. 그렇게 되면 자칫 명나라와의 외교 분쟁을 초래할 수도 있었다. 그래서 이 사안에 관해서만큼은 명나라의 눈치를 어느 정도는 보지 않을 수 없었다. 명나라 입장에서는 새로운 '조선 국왕'이 무슨 의도로 저러나 싶어서 의심할 수밖에 없었을 것이다. '명나라를 황제국으로 모실 의향이 없는 게 아닐까?'라는 의심을 가질 만도 했다. 그런데도 이도 측이 태종을 태상황으로 모시려 한 것은, 아버지를 두고 왕 노릇을 하게 된 것을 상당히 부담스러워했다는 방증이다. 어떻게든

성종 1년 9월 19일자 《성종실록》에 수록된 '조선국황',
즉 조선국 황제 표현. 명나라를 제외한 나머지 나라
들은 조선 주상을 황제로 불렀다.

아버지를 높이지 않고는 그 자리에 편안히 있기가 힘들었던 것이
다. 아마 그래서 명나라와의 관계도 의식하지 않고 태상황의 칭호
를 올리려 한 것이리라.

　그러나 태종은 아들의 호의를 받아들이지 않았다. 위 날짜의 《세
종실록》에 따르면, 태종은 태상황이라는 표현 자체를 거부하면서
'상왕은 태상왕, 나는 상왕'이 되어야 마땅하다고 말했다. 형님 정

종은 태상황이 아닌 태상왕으로 높이고 자기는 상왕으로 높이라고 주문한 것이다. 일종의 교통정리를 해준 셈이다.

태종이 태상황 칭호를 거절한 것은 명나라를 의식했기 때문일 수도 있다. 또 이왕에 왕위를 넘겨주는 마당에, 태상황이라는 과도한 칭호를 받음으로써 양위의 의미를 스스로 떨어뜨리는 일을 하고 싶지 않았을지도 모른다. 양위한 뒤에 하고자 했던 일을 못하게 될 수 있다는 우려일 수도 있다. 어쨌든 그리하여 태종의 지위는 상왕으로 정해졌다.

정종이 상왕이던 상황에서 태종도 상왕이 됐다. 상왕이 두 명이 된 것이다. 이렇게 되면 태종의 말처럼 전직 상왕을 태상왕으로 올려야 했다. 그러나 정종 측이 이를 거절했다. 태상왕 칭호를 받지 않겠다고 한 것이다. 그래서 정종도 상왕의 지위에 머물게 되었다. 형식상 대등한 두 명의 상왕이 공존하게 되었다. 세종 이도의 머리 위에 똑같이 상왕라는 지위의 어른이 두 명이나 존재하게 된 것이다. 이로 인한 혼란을 예방할 목적으로 태종은 그냥 상왕이라고 부르고 정종은 노(老)상왕이라고 불렀다고 한다.

아버지는
상왕이 아니었다

태종 이방원은 태상황 칭호를 거절하고 그보다 낮은 상왕 칭호를 받아들임으로써 아들의 위상을 상대적으로 높여주었다. 이것만 놓고 보면, 그가 마음을 비우고 상왕으로서 자리를 물려주고 들어앉은 것처럼 보인다. 하지만 실제로는 그렇지 않았다. 그는 상왕이 아니었으며 여전히 최고의 지존이었다. 다시 말해 세종 이도는 그저 허수아비에 불과했다.

이방원은 아들에게 양위했다고 했지만, 사실 권력의 절반도 넘겨주지 않았다. 태종 18년 8월 10일자(1418년 9월 9일자)《태종실록》에 따르면, 이방원은 이도가 즉위하던 당일에 군사에 관한 권한은 상왕인 자신이 계속 담당하겠다고 밝혔다. 국방을 담당하는 부서

병조는 이·호·예·병·형·공조 6대 부서 중 한 곳이다. 단순히 균분한 다면 군사권은 6분의 1의 권한이 된다. 하지만 사실 군사권은 절반 이상의 권한이 있었다. 병조라는 한 개 부서의 위상을 뛰어넘는 것 이었다. 즉, 군사권을 갖겠다는 이방원의 말은 주상 권한의 절반 이상을 자신이 가지겠다는 뜻이 된다.

이조는 인사권을 행사하는 부서이지만, 문관의 인사권만 집행했다. 무관의 인사권은 병조가 담당했다. 이론상으로 보면, 이조와 병조가 인사권의 절반을 반분한 것이다. 그러므로 군사권을 갖겠다는 말은 인사권의 절반도 자신이 가지겠다는 뜻이나 마찬가지였다.

게다가 이방원은 국가의 핵심적인 현안에 관해서는 군사권 이외의 권한이라도 자신이 주상과 함께 결정권을 갖겠다고 말했다. 군사권은 본인이 전적으로 가지고, 나머지 주요 권한은 이도와 함께 가지겠다고 한 것이다. 결국 양위 후에도 실질적인 주상은 여전히 이방원이었던 것이다.

이방원은 "주상이 장년이 되기 전에는 그렇게 하겠노라."고 밝혔다. 일반적으로 서른이 넘어야 장년이라고 했으므로 새로운 주상이 서른이 되기 전까지는 자신이 실질적 주상의 역할을 하겠다고 선포한 셈이다. 이도는 당시 스물두 살이었다. 이방원은 자신이 향후 8년 정도는 실질적 통치자 역할을 할 셈이었던 것이다.

이때 상왕의 속마음을 파악하지 못하고 섣불리 행동했다가 큰코

다친 인물이 있다. 이방원의 최측근인 강상인(姜尙仁, ?~1418)이 바로 그 주인공이다. 당시 병조참판인 강상인은 이방원이 왕자였을 때부터 그를 보좌한 인물이다. 그렇기에 이방원의 속마음을 누구보다도 잘 안다고 자신하던 사람이다. 그런데 강상인은 무슨 생각에서였는지 태종이 아닌 세종에게 병조 사무에 관한 보고를 올렸다. 강상인은 이방원이 말은 그렇게 했지만 실제로는 아들에게 왕권을 넘겼을 것이라고 잘못 이해했던 것이다. 강상인의 행동에 이방원은 진노를 터뜨렸다. 이방원은 강상인을 본보기로 삼을 심산이었는지는 모르겠으나 자신의 핵심 측근이었음에도 감옥에 가두어버렸다.

이때가 세종 즉위년 8월 25일(1418년 9월 24일)이었다. 이도가 왕위에 오른 지 정확히 보름 뒤였다. 이로부터 이틀 전인 8월 23일(양력 9월 22일) 이도의 장인인 심온(沈溫, 1375?~1418)이 명나라에 파견될 사신에 임명되었다. 장인이 사신에 임명됨으로써 이도의 위상에 무게가 실린 지 이틀 만에 그의 위상이 곤란에 처하는 사건이 발생한 것이다. 여하튼 9월 1일(양력 9월 30일) 상왕의 전송을 받고 명나라로 출발한 심온은 이틀 뒤인 9월 3일(양력 10월 2일) 영의정에 임명되었다. 심온에 관한 이야기는 잠시 뒤 다시 나온다.

체포된 강상인은 지방의 관노가 되었지만, 얼마 안 가서 다시 감옥에 갇혔다. 병권이 상왕과 주상에 의해 양분되면 안 된다고 한 발언이 뒤늦게 드러나서 다시 하옥된 것이다. 얼마 안 있어 그는 임금

부자를 이간질했다는 이유로 《대명률직해(大明律直解)》의 모반대역죄(謀反大逆罪)에 저촉되어 사형당했다.

《대명률직해》는 명나라의 형법인 대명률을 조선 실정에 맞게 수정한 법률이다. 모반대역죄라는 것은 《대명률직해》형률에 따르면 나라를 무너뜨리기 위한 모의를 하는 범죄로서 이에 저촉되는 사람은 주모자건 단순 가담자건 간에 모두 다 거열처사형(車裂處死刑)을 받았다. 거열처사란 죄수의 머리와 두 팔과 두 다리를 각각 묶은 다섯 개의 줄을 소나 말이 끄는 수레 다섯 개에 묶은 뒤 수레를 끌어당기는 것이다. 외국과 내통하는 모반죄(謀叛罪)에 참수형이 적용된 것에 비하면 거열처사는 상당히 끔찍한 형벌이다. 이러한 형벌을 적용한 것을 보면, 강상인에 대한 이방원의 분노가 어느 정도였는지 짐작할 수 있다.

아버지의 최측근인 병조참판 강상인이 자신에게 보고했을 때 '이것이 아버지의 뜻인가 보다' 하고 추측했을 이도는 강상인의 처형을 지켜보면서 속으로 얼마나 뜨끔했을까. 그래서인지 이도는 강상인 같은 자들이 아버지와 자신을 이간질하고 있다며 분노를 표출했다. 즉위한 직후에 이도가 상왕인 아버지를 얼마나 두려워했는지 보여주는 대목이다. 왕이 되기 전만 해도 큰형을 질책하면서 도덕적 우월성을 과시했던 이도는, 왕이 되자마자 이처럼 새가슴이 되어 아버지를 의식하는 신세로 전락하고 말았다.

그러나 이도는 그런 일 정도로 놀라서는 안 되었다. 그에게는 훨씬 더 무서운 일이 기다리고 있었다. 상왕 이방원은 강상인에 대한 수사를 적당한 선에서 마무리하지 않았다. 강상인의 자복을 듣는 것으로 끝내지 않은 것이다. 이방원은 그럴 생각이 없었다. 이러한 상왕의 의중을 반영하여 수사팀에서도 강도 높은 신문을 진행했다. 수사팀에서는 어떤 의도로 병조 사무를 주상에게 직접 보고했는지, 이 과정에서 누구와 공모했는지를 집중적으로 캐물었다.

수사팀은 강상인을 처형하기 전에 무릎 위에 큰 돌을 올려놓고 고통을 가하는 압슬형을 가했다. 이러한 고통을 네 차례나 겪은 강상인은 뜻밖의 진술을 입에 담았다. 권한이 주상 한 곳에서 나와야 한다는 생각에서 그렇게 했으며, 주상의 장인인 심온과 뜻을 함께 했다고 진술해버린 것이다. 어떻게 보면 직무상의 착오로 볼 수도 있는 강상인의 행동은 이로써 모반대역죄로 발전하고 말았다. 그것도 주상의 장인을 연루시키면서 말이다.

이러한 줄도 모르고 상왕이 주는 영의정 자리를 덥석 받아들고 명나라에 갔다 온 심온은 의주에 도착하자마자 체포되고 말았다. 이때가 세종 즉위년 11월 25일(1418년 12월 22일)이다. 이날은 의금부에서 강상인의 죄목을 모반대역죄로 정해서 보고한 날이다. 요즘 말로 하면 의금부에서 강상인에 대한 구형을 내린 날이다. 선고가 난 바로 당일에 심온이 국경 지방에서 체포된 것이다.

세종대왕과 소헌왕후의 합장릉인 영릉. 경기도 여주시 능서면 소재.

이로써 심온은 창졸간에 반국가 사범으로 전락하고 말았다. 그는 사약을 받고 저세상으로 떠나야 했다. 사위가 왕이 됐다고 좋아했을 심 씨 집안은 이로써 쑥대밭이 되고 말았다. 이도의 부인인 소헌왕후 심씨가 얼마나 불안했을지 짐작할 수 있다. 소헌왕후는 자신이 왕비 자리를 유지할 수 있을지조차 확신할 수 없었을 것이다. 이러한 과정을 보면, 이방원이 강상인에 대해 시비를 건 것이 실은 심 씨 집안을 겨냥한 행동이었다고 해석할 수 있다. 향후 왕실을 위협할 수 있는 외척의 뿌리를 뽑아놓은 것이다.

이방원이 강상인과 엮어 아들의 처가를 친 것은 물론 아들을 위해서였다. 이방원은 처남 민무구·민무질을 처형한 전력이 있었다. 민 씨 형제들을 처형한 것은 부인인 원경왕후 민씨를 견제하기 위해서였다. 원경왕후 민씨는 이방원이 왕이 되는 데 결정적 기여를 한 인물이다. 부인 민 씨가 아니었다면 이방원은 정도전을 제대로 상대할 수 없었을지도 모른다. 이방원은 부인의 맹활약에 '진한 감동'을 받았다. 그런데 그 감동은 그렇게 긍정적인 것만은 아니었다. '저런 부인을 그냥 뒀다가는 내 자리까지 위협할 수 있겠구나'라는 우려가 싹트게 된 것이다.

이방원은 정치 활동을 여성에게 의존하는 편이었다. 조선 건국 전에는 아버지의 둘째 부인인 신덕왕후 강씨의 조언대로 행동했다. 고려 멸망 직전에 정몽주가 정도전을 비롯한 이성계 측근들에 대한 숙청 작업을 벌이고 있을 때 이방원이 개경 선죽교에서 정몽주를 암살한 것은 이방원의 단독 작품이 아니라 실은 신덕왕후 강씨와의 공동 작품이었다. 이성계의 첫째 부인인 신의왕후 한씨의 아들인 이방원은 정몽주가 이성계 라인을 압박하고 있을 때 개경이 아닌 함경도에서 어머니의 모친상을 지내고 있었다. 그런 이방원에게 사람을 보내, 지금 무슨 일을 해야 하는지를 알려준 인물이 바로 신덕왕후 강씨다.

이 정도로 이방원은 강력하고 남성적인 이미지와는 달리 여성의 정치적 조언에 크게 의존했다. 그러나 조선 건국 직후부터 이방원은 신덕왕후가 자신을 배제하고 이복동생 이방석(李芳碩, 미상 ~1398년)을 세자로 밀어준 일을 계기로 강 씨를 다시 보게 된다. 이때의 배신감이 원인이 되어 1398년 제1차 왕자의 난 때 이방석을 죽여버렸다.

이처럼 신덕왕후에게 한 번 데인 경험이 부인 민 씨에 대한 경계심을 부추겼을 가능성이 높다. 그래서 이방원은 정권을 잡은 뒤에 민 씨의 친정 세력을 숙청했다. 훗날 민 씨 일가가 신덕왕후처럼 되지 않을까 염려했던 것이다.

이방원이 이도에게 왕권을 넘겨준 직후에 사돈집을 공격한 것은 여성에 대한 이방원의 경계심이 작용한 결과라고 볼 수 있다. 자신이 죽은 뒤에 심 씨 집안이 왕비를 앞세워 혹시라도 아들의 왕권을 위협하지 않을까 우려한 것이다. 그래서 이방원은 자신이 왕이 아니었음에도 모반대역죄라는 명분을 내세워 외척에 대한 숙청 작업을 진행했다. 임금인 이도로서는 자신이 허수아비에 불과하다는 것을 뼈저리게 느낄 수밖에 없었을 것이다.

이렇게 이방원이 세종 즉위 후에도 4년간 여전히 철권통치자의 위력을 과시하며 임금 노릇을 했기 때문에, 세종 이도의 32년 재위 기간 중 4년은 태종 이방원의 재위 기간으로 보아도 무방하다. 그 4년 동안에 세종이 한 일도 이방원의 업적으로 간주할 수밖에 없다. 예컨대, 1419년에 있었던 대마도(쓰시마) 정벌이나 1420년에 있었던 집현전의 확대 개편 등은 형식상으로는 세종의 업적이지만 실제로는 태종의 업적이라고 봐야 할 것이다.

이렇게 아버지가 실질적인 통치권을 행사하는 상황에서, 세종 이도는 4년간 아버지의 눈치를 보며 살았다. 임금이 되고도 아버지 앞에서 꼼짝할 수 없었던 이도는 아버지가 처가를 몰락시키는 모습을 두 눈 뜨고 지켜봐야 했다. 그는 왕자였던 시절에는 세자인 큰형의 잘못을 지적하기도 하고 자신의 능력을 과시하기도 하면서 자신감 넘치게 살았다. 그러나 임금이 되고 난 후 처음 4년간은 조심스럽고 위축된 상태로 살아야 했다. 왕이 됐지만 왕의 역할을 할 수 없었으니, 남들에게 이래라저래라 충고할 입장도 아니었을 것이다.

상왕 이방원은 아들이 서른 살이 될 때까지 자신이 군사권을 포함한 주요 권한을 행사하겠다고 선언했다. 이도가 스물두 살에 왕이 되었으니, 이방원은 8년 정도를 그렇게 하려고 했던 것이다. 그러나 이방원의 예상을 벗어나, 이 기간은 4년 만인 1422년에 종결되었다.

어쨌든 세종 즉위 후 4년간 태종은 태조나 정종과 달리 강력한 권한을 가진 상왕이었다. 반면 그 4년간 이도의 지위는 세자보다는 높고 대리청정 세자보다는 낮은 수준이었다. 만약 이방원이 1422년에 눈을 감지 않았다면, 세종 재위 기간의 4분의 1 정도는 실제로 태종의 재위 기간이 되었을 것이다.

사실, 이 시기의 이도에게는 자신을 위안할 수 있는 명분이 있었다. 그는 세자가 된 지 2개월 만에 왕이 됐다. 양녕대군은 잘하니 못하니 했어도 무려 14년간 세자 자리에 있었다. 그래서 양녕대군은 충분히 세자 수업을 받을 수 있었다. 하지만 이도에게는 그런 기회가 없었다. 그렇기에 이도는 '나는 지금 임금 수업을 받고 있는 것이며 세상도 나를 이해할 것이다'라고 자신을 위로할 명분이 있었다.

이러한 상황은 예상외로 빨리 끝났다. 이도가 스물여섯 살이 된 1422년, 상왕 이방원이 세상을 떠났다. 향년 56세였다. 실록에서는 특별한 사망 원인을 밝히지 않았다. 왕실에서는 이방원을 살리고자 의원도 동원해보고 승려도 동원해보았으나 억센 인생사의 타격을 받은 이방원을 살려내지는 못했다.

옛날 사람들의 평균수명이 짧았다고는 해도, 상류층 사람들의 수명은 그렇게 낮지 않았다. 56세가 적은 나이는 아니지만 왕족 같은 상류층한테는 그렇게 많은 나이도 아니었다. 일반적으로 이방원이라고 하면 '강력한 임금'을 떠올릴 것이다. 그렇게 강건할 것만 같은 이방원이 어떻게 56세에 사망했는지 의아하게 여기는 사람이 있을지도 모른다.

이방원은 강인한 성격에 승마도 잘했지만, 체격이나 체질로 보면 그렇게 강한 사람이 아니었다. 이 점은 그가 왕자 시절인 28세 때 명나라를 방문하러 떠나면서 아버지 이성계에게 들은 말에서도 잘 드러난다. 태조 3년 6월 1일자(1394년 6월 29일자)《태조실록》에 따르면, 이성계는 다음과 같이 말하며 눈물을 글썽거렸다고 한다.

"너의 체질이 파리하고 허약하니, 만 리 길을 탈 없이 다녀올 수 있겠느냐?"

이방원은 활력적으로 사는 사람이었지만 실제로는 그리 건강한 사람은 아니었다. 그래서 아들이 서른 살이 될 때까지 뒷받침하겠다는 공언을 지키지 못하고 4년 일찍 죽은 것으로 보인다. 아들이 서른 살이 될 때까지는 국정을 직접 챙기고 싶어 했던 이방원이었는데 말이다. 한 치 앞도 알 수 없는 게 인생사가 아니겠는가. 1422년, 이도는 아버지를 잃은 슬픔을 안고 홀로서기에 나서야 했다.

국가는 진정 백성을 위해 존재하는가

옛날 제왕의
국민관(觀)

동서고금을 막론하고 무릇 통치자라 하면 민심을 다스려 나라를 안정시키는 것을 이상으로 삼기 마련이다. 그러한 연유로 백성에 대한 옛날 제왕의 마음가짐이 오늘날의 대통령의 그것과 엇비슷하다고 보아도 될까? 만약 그렇게 생각한다면 그것은 오해다. 옛날 제왕이 백성을 대하는 시각과 오늘날 대통령이 국민을 대하는 시각은 완전히 달랐다. 옛날 왕들이 마음속으로 백성을 어떻게 생각했는지를 알면, 지금의 일부 정치인들에게 느끼는 환멸을 그들에게도 품게 될지 모른다. 특히 성군으로 알고 존경하던 왕이 어떠한 생각으로 나라를 통치했는지를 알면 더욱더 그럴 것이다.

현대 국가에서는 실제로야 어떻든 국민의 손으로 대통령을 선출한다. 그래서 대통령은 국민을 자신이 다스려야 할 피치자로 여긴다기보다 자신을 지지해줄 유권자로 여기는 경향이 있다. 그래서 대통령은 국민 여론에 항상 민감할 수밖에 없다. 진정으로 국민을 위하든 그렇지 않든 대통령은 국민을 중심으로 사고한다. 대통령은 자신이 국민에게 어떻게 비쳐질지 항상 고민하지 않을 수 없기 때문이다.

하지만 옛날 제왕은 달랐다. 그들은 오늘날의 대통령만큼 백성을 의식할 필요가 없었다. 사극 속 군주들은 입만 열면 '백성', '민심'을 운운하지만, 그것은 어디까지나 드라마 속 이야기다. 물론 어느 정도는 백성의 동향에 관심을 기울였지만, 오늘날만큼 신경 쓸 필요는 없었다. 그들이 그럴 수 있었던 것은 백성을 크게 의식하지 않고도 얼마든지 나라를 통치할 수 있었기 때문이다.

옛날 제왕이 백성을 대하는 시각은 오늘날의 재벌기업 총수가 소비자를 대하는 시각과 흡사했다. 옛날에는 군사력을 가진 가문이 특정 지역을 점령하고, 자기 가문이 다스릴 수 있는 범위를 국가의 영토로 간주했다. 이러한 가문은 자신들이 확보한 땅에 사는 백성에게 토지 소유권을 인정하고 그들을 외부의 침략으로부터 보호해주는 대신, 그들로부터 세금을 거두고 그들을 군인으로 동원했다. 이를 현대식으로 바꿔보면, 재벌기업 총수(제왕)가 자기 상권 안에 사는 소비자(백성)에게 '특정 영토 안에서 먹고살 권리'라는 상품을 판매하는 것이라 표현할 수 있다.

옛날 군주가 국가를 일종의 기업처럼 운영했다는 점은 고주몽의 아내인 소서노의 사례에서도 잘 나타난다. 《삼국사기》〈고구려 본기〉에 따르면, 졸본부여 소속 계루부 족장의 딸인 소서노는 외지인인 고주몽과 연합하여 고구려를 세웠지만 고주몽이 배신하는 바람에 두 아들인 비류와 온조를 데리고 고구려에서 나왔다. 《삼국사기》〈백제본기〉에 따르면, 고구려를 나온 소서노는 두 아들과 함께 마한 왕의 허가를 받아 한강 유역에 대한 지배권을 행사했다. 이렇게 하는 대신, 소서노 그룹은 마한 왕에게 정기적인 조공을 제공해야 했다. 소서노 그룹은 마한 왕이 떼어준 땅에 사는 백성으로부터 세금을 받아 조공 물량을 확보했다. 백성에게 세금을 받는 대신, 백성을 보호해주어야 했음은 물론이다. 이를 현대식으로 바꿔보면, '주식회사 소서노'가 '주식회사 마한'으로부터 시장 일부를 떼어 받은 뒤 그 시장에서 영업을 하고 로열티를 마한에 지급하는 것이라 표현할 수 있다.

소서노와 같이 기존 국가의 일부를 떼어 받는 경우가 아닌, 전혀 새로운 영토를 개척하는 경우에도 상황은 똑같았다. 새로운 영토를 개척하는 군주는 현지 백성의 동의를 얻어 국가를 세우는 게 아니라 현지 백성을 힘으로 제압하여 국가를 세웠다. 그 과정을 통해 자

농사하는 백성들. 서울시 광화문광장 지하의 '세종 이야기' 일부.

신이 백성을 보호해줄 적임자라는 증명을 대신한다. 이를 현대식으로 바꿔보면, 기업이 어떤 상품으로 새로운 시장을 장악하고 자사 상품이 소비자의 기호를 충족시킬 수 있음을 증명하는 것이라 표현할 수 있다.

물론 오늘날의 국가도 국민에게 세금을 징수하고 보호해주는 등의 서비스를 제공하지만, 옛날 국가는 현지 백성의 동의를 얻지 않고 통치권을 행사했다는 점에서 현대 국가와 차이가 있다. 그러므로 옛날 왕에게 있어서 백성은 자신을 지지해주는 유권자가 아니라 자신의 '상품(특정 영토 안에서 먹고살 권리)'을 강제 구매한 소비자에 불과했다.

여기서 말하는 '상품'은 근대 국가론의 초석이 된 토마스 홉스 (Thomas Hobbes)의 《리바이어던(Leviathan)》에 나오는 '국가는 외적의 침입과 상호간의 권리침해를 방지한다'라는 개념과 유사하다. 물론 옛날 제왕이 홉스 식의 국가관을 가졌던 것은 결코 아니다. 그들이 백성에게 제공한 서비스가 《리바이어던》의 그것과 유사하다는 말일 뿐이다. 국가가 제공하는 상품을 사기 위해 백성이 지급해야 할 대가는 세금과 병역 이행이었다. 백성과 군주 사이에는 일종의 거래 관계가 작용했다. 그래서 옛날 제왕이 백성을 대하는 시각이, 기업 총수가 소비자를 대하는 그것과 유사하다고 보는 것이다.

물론 옛날 군주도 백성을 상대로 애민정신을 발휘했다. 그들 역시 백성에게 복지정책을 베풀었다. 굶주리는 백성이 있으면 먹을 것을 제공하고, 돌림병에 걸린 백성이 있으면 치료 서비스를 제공했다. 하지만 그들이 그렇게 한 것은 자신들의 상품을 지속적으로 구입할 수 있는 '시장'을 만들기 위해서였다. '소비자'가 굶주리거나 병들어 죽으면 국가가 제공하는 상품을 구매할 수 없고 그러면 상품 구입 대가인 납세·병역 의무를 이행하지 못하기 때문이다. 즉, 국가가 제공하는 복지 서비스는 실은 백성을 생각해서가 아니라 국가의 이익을 생각해서 제공한 것이었다.

조선시대 병사들의 훈련 장면을 재현하는 모습. 경기도 수원시 남창동 화성행궁 앞에서 촬영함.

옛날 군주가 백성보다는 국가를 먼저 생각했다는 점은 그들의 관심사가 반영된 역사 기록에서도 잘 드러난다. 한국 역사서인 《삼국사기》나 중국 역사서인 《사기》〈한서〉 등을 읽다 보면, 왕권 강화나 중앙집권 또는 외적 방어 같은 가치관이 높게 평가되었다는 점을 느낄 수 있다. 역사를 연구하는 학자들도 왕권 강화나 중앙집권과 관련된 제도나 시스템을 높게 평가하는 경향이 있다. 역사 기록에서는 백성이 양심적으로 세금을 내는 것 또한 높이 평가하고 있다. 관료들이 군주를 속이지 않는 것에 대해서도 높은 점수를 매기고 있다.

그러나 왕권 강화나 중앙집권이 제대로 된다고 해서 백성의 삶이 반드시 개선되는 것은 아니다. 오히려 백성의 삶에 부정적 영향을 끼칠 때도 있다. 그런데도 역사서에서 왕권 강화에 힘을 실어주는 사항에 대해 높이 평가하는 것은 고대 역사서가 기본적으로 군주에 의해 기록되었기 때문이다. 그렇다 보니 고대 역사서에는 당연히 군주의 관심사가 반영될 수밖에 없었다. 역사서에 반영된 군주의 관심사가 주로 군주나 왕실의 이익과 관련되었다는 점에 비추어 옛날 군주가 백성을 어떻게 바라보았는지를 엿볼 수 있다.

군주 입장에서는 자신의 나라에서 자신이 최고의 권력·부·명예를 얻는 것이 최고의 선(善)이었다. 우리가 알 만한 역사서에는 모두 그러한 가치관이 투영되어 있다. 다시 말해 군주는 사회 전체의 공익을 운운하지만 실은 왕실의 사익을 추구하는 존재였다. 기업 총수도 본질적으로는 사익을 추구한다. 이쯤 되면 과연 군주의 모습과 기업 총수의 모습이 본질적으로 다르지 않다는 데 이의를 제기할 수 없을 것이다.

세종 이도라는 인물을 바라볼 때에도 옛날 군주가 백성을 대하는 시각을 염두에 둘 필요가 있다. 이도가 성군이었던 것은 사실이다. 하지만 그렇다고 그를 현대적 의미의 성군으로 오해해서는 안 된다. 현대적 의미의 성군은 백성을 자신의 주인으로 생각하고 백성을 위해 자기 몸이라도 바칠 수 있는 통치자이지만, 이도는 그런 의미의 성군은 아니었다. 이도는 자기 시대의 성군이었다. 그 시대 사람들이 생각하는 성군의 범위를 벗어나지 못했다.

이도가 살던 시대의 군주는 오늘날의 재벌 총수와 같은 존재다. 즉, 이도 시대의 성군이라는 것은 오늘날로 치면 '훌륭한 재벌 총수'라고 볼 수 있다. 세종 이도의 내면을 분석하려면, 그런 점을 기억할 필요가 있다. 이도 역시 왕실이 좀 더 많은 세금과 좀 더 많은 병역을 확보하는 것을 우선적으로 염려하는 군주였다는 점을 말이다.

옛날에 전쟁이 많았던 이유

세종 이도를 포함한 고대 군주들이 왕실의 이익을 우선했다는 점은 고대 왕국이 왜 그토록 열심히 전쟁을 했는지와 밀접한 관련이 있다. 한반도와 만주에서 하루가 멀다 하고 전쟁이 빈발했던 서기 7세기 이전의 상황을 살펴보면, 군주나 국가의 본질이 더욱 명확하게 드러난다.

《삼국사기》〈백제본기〉에 따르면, 음력으로 의자왕 2년 7월(642년 8월 1일~30일)에 총사령관 의자왕이 친히 지휘하는 백제군이 한 달 안에 40곳이나 되는 신라의 성을 점령했다. 음력 8월에는 장군 윤충이 신라 대야성을 함락했다. 그런데 대야성 전투에서 사망한 사람 중에 김춘추의 딸과 사위가 있었다. 이때 품은 한이 기폭제가 되어 김춘추는 당나라와의 동맹을 성사시켰고 훗날 백제를 멸망시켰다.

의자왕 3년 11월(643년 12월 17일~644년 1월 15일)에는 백제가 신라 당항성(경기 화성 일부)을 공격했다가 철수했다. 의자왕 4년 9월(644년 10월 6일~11월 4일)에는 신라 김유신이 7곳의 백제 성을 빼앗았다. 이렇듯 고대에는 몇 년이 멀다 하고 전쟁이 빈발했다. 전쟁이 어찌나 자주 발발하는지, 연례행사가 아니었나 하는 느낌이 들 정도다.

고대 군주들이 전쟁을 자주 벌인 것은 단순히 영토를 늘리기 위해서만은 아니었다. 지금도 좀 그런 측면이 있지만, 그 시절에는 전쟁이 돈을 버는 방법이었다. 현대 국가가 재정자금을 경제에 투입해 조세 수익을 꾀하는 것과 비슷한 발상이다. 즉, 고대 군주들은 농경지와 노동력을 확보해서 조세 수입을 늘릴 목적으로 전쟁을 일으켰다. 농경지 확장과 노동력 확대라는 두 가지 목표 중에서 더 우선적으로 추구한 것은 후자였다. 옛날로 가면 갈수록 인구밀도가 낮았기 때문에 고대에는 영토보다 백성 수를 우선할 수밖에 없었다. 그래서 고대 전쟁 중에는 노동력 확보를 1차 목적으로 한 경우가 많았다.

예컨대, 위에 언급한 백제 윤충은 대야성을 함락한 뒤 주민 1천여 명을 지금의 충남 부여인 사비의 서쪽으로 옮겨놓았다. 전쟁 포

고대의 전투 장면. 인천시 중구 선린동 차이나타운 소재.

로 1천여 명이 지금의 경남에서 충남까지 이동한 것이다. 당시의
교통 사정을 감안하면 이것은 상당한 규모의 인구 이동이었다. 또
《삼국사기》〈고구려본기〉에서는 미천왕 3년 9월(302년 10월 8일~11
월 6일)에 "(미천)왕이 군대 3만을 이끌고 현도군을 침공하여 8천 명
을 포획해 평양에 옮겨두었다."고 했다. 중국 영토인 현도군에서
고구려 영토인 평양까지 8천 명이 이동했으니, 이 역시 상당한 규
모의 인구 이동이었다.

전쟁의 승자들이 점령지 주민들을 사비 서쪽과 평양으로 옮긴 것

은 해당 지역의 농경지를 경작시키기 위해서였다. 사비 인근 및 평양의 노동력 부족 사태를 해소하는 것이 전쟁의 목적이었던 것이다. 노동력 확보가 주요한 전쟁 동기였음을 보여주는 것이다. 처음부터 농경지 확보를 목표로 벌인 전쟁이었다면, 점령지 주민들의 주거지를 그대로 인정했을 것이다. 하지만 노동력 확보라는 목표가 더 중요했기에 주민들의 주거지를 옮긴 것이다.

전쟁 목표가 농경지 확보냐 노동력 확보냐는 그때그때의 경제 사정에 따라 바뀌었다. 농경지가 부족한 경우에는 적국 영토를 점령한 뒤 그곳 주민들에게 경작권을 인정하고 세금을 거두었다. 노동력이 부족한 경우에는 적지를 빼앗은 뒤 그곳 주민들만 빼내왔다. 오늘날에는 국가마다 공업기술 수준이 상이하기 때문에 외국 노동자들을 무분별하게 수용할 수 없다. 하지만 농업이 지배적이었던 고대에는 일국의 농민이 타국의 농토를 경작하는 데 별다른 무리가 없었다. 그래서 고대 왕국들은 외국 노동력을 빼앗아 자국 농토에 재배치하기 위해 전쟁을 자주 벌였다.

예나 지금이나 전쟁을 수행하려면 국가의 모든 역량을 투입해야 한다. 그렇기 때문에 전쟁 행위에서는 국가의 본질이 표출될 수밖에 없다. 고대 국가들이 기본적으로 노동력 확보를 목적으로 전쟁을 벌였다는 것은 옛날 군주들의 관심사가 농업 생산성을 높임으로써 조세 수입을 늘리는 데 있었음을 보여준다. 이는 군주가 백성을 '군주의 영토에서 농사를 짓는 대신 조세를 내는 소비자'로 인식하고 있다는 반증이 아닐까.

다음은 강태공(姜太公)의 사상을 담은 《육도》의 한 구절이다.

> "나라를 잘 다스리는 사람은 백성 부리기를 부모가 자식을 사랑하는 것같이 하며, 형이 아우를 사랑하는 것 같이 한다."

부모가 자식을 사랑하듯이 백성을 대하는 것도, 형이 아우를 사랑하듯 백성을 대하는 것도 모두 백성을 소비자로 인식한다는 전제를 두고 있다. 백성에게서 조세 수입을 얻는 것이 최고의 목적인 군주 입장에서, 백성 대하기를 자식 대하듯이 하는 데에는 한계가 있을 수밖에 없었다.

이러한 시대에 세종도 임금 생활을 했다. 후세에 성군이라 불리는 그도 그 시대의 관념에 구속받았다고 봐야 한다. 그러므로 세종을 생각할 때 오늘날의 진보적 정치인을 연상하면 안 된다. 당시의 사회적 관점에서 세종을 바라봐야 한다. 그는 그 시대의 상식에 따라 백성을 통치하고 백성을 사랑했다. 만약 그가 당대의 관념을 무시하는, 혁신적이고 혁명적인 인물이었다면, 태종 이방원이 그를 세자로 만들지도, 임금으로 만들지도 않았을 것이다.

사극 속
민생정치는 오해다

 옛날 제왕이 백성을 소비자처럼 대했다는 이야기

는 사극에서 자주 거론되는 민본정치(民本政治)와
충돌되는 이야기일 수도 있다. TV에서 방영되는 사극에는 백성을
친자식처럼 위하는 왕족이 반드시 등장하며 '백성을 위한 정치'가
극의 주요 화두가 되는 경우가 많다. 그렇다 보니 사극을 보는 사
람들 대부분이 역사 속 성군들이 오늘날의 대통령이 유권자를 신경
쓰듯이 백성을 끔찍이 위했을 것이라고 오해한다.

물론 세종을 포함한 옛날 제왕도 백성의 복지에 신경 썼다. 하지
만 그것은 백성이 복지의 사각지대에 버려질 경우, 농업 생산성을
향상시킬 수 없다는 우려에서 기인한 것이었다. 기업 총수가 사원

의 건강이나 근무 환경에 관심을 기울이는 근본적인 동기가 어디에 있는지를 생각하면 쉽게 이해할 수 있다. 군주가 백성을 위해서 한 행동이라고 여겼던 일들이 다르게 보일 것이다.

2012년 세계 각지의 기업을 평가하는 GPTW 협회(Great Place to Work Institute)는 '덴마크에서 가장 일하기 좋은 회사'로 제약회사 로슈 덴마크를 선정했다. 직원들을 위한 복지 시스템이 잘 갖춰진 회사라는 이유에서였다. 이 회사의 복지정책 중 재미있던 것은, 일주일에 두 번씩 직원들에게 저녁 도시락을 쥐어주고 퇴근시키는 정책이다. 도시락은 직원들의 가족 수대로 싸주며, 공짜는 아니고, 재료비만 받는다고 한다. 직원들이 퇴근한 뒤에 저녁 식사를 준비해야 하는 번거로움 없이 곧바로 가족과 함께 저녁 식사를 즐길 수 있도록 한 정책이라고 한다. 노동자들의 복지 수준이 우수한 덴마크에서는 이와 유사한 정책을 쉽게 찾아볼 수 있다. 어떤 기업에서는 세탁물 처리나 우체국 업무 같은 일들까지 처리해줌으로써 직원들의 부담을 덜어준다.

기업들이 이러한 복지에 신경 쓰는 것은 매우 훌륭한 일이다. 하지만 기업이 직원 복지에 신경 쓰는 진짜 의도는 직원들이 회사 일에 좀 더 집중하도록 하려는 것이다. 직원들이 가족과의 저녁 식사, 집안일, 관공서 업무 등에 신경 쓰지 않고 오로지 일에만 전념하도록 말이다. 백성을 위한다는 명목 아래 펼친 옛날 제왕의 정책에도 이러한 진짜 의도가 숨겨져 있지 않았을까.

2014년 상반기에 방영된 드라마 〈정도전〉은 상당한 명작으로 평가받고 있다. 이 드라마는 시청자가 정도전이란 인물을 '백성 중심 수의사'로 인식하도록 만드는 데 크게 기여했다. 드라마를 시청하고 나서 '옛날에도 저런 정치인이 없지 않았구나'라는 인식을 갖게된 이도 적지 않았을 것이다.

물론 정도전이 다른 정치인들보다 백성을 위했던 것은 사실이다. 하지만 드라마 속 정도전은 어디까지나 드라마 속 정도전일 뿐이다. 그의 생각을 알려주는 문헌들을 뒤져보면, 실상은 크게 다르다는 점을 절감하게 될 것이다. 그에게 과도한 기대를 걸었던 사람이라면, 다소 실망할 수도 있다.

정도전이 어떤 정치를 추구했는지는 그가 집필한 법전인 《조선경국전(朝鮮經國典)》의 〈치전(治典)〉 편에서 확인할 수 있다. 여기서 정도전은 자신의 정치적 이상에 정당성을 부여하고자 군주의 자질에 대한 문제점을 제기했다. 그는 다음과 같이 말했다.

군주의 자질에는 어리석은 자질도 있고 현명한 자질도 있고 강

삼봉 정도전의 집이 있었던 서울시 종로구청 인근의 삼봉길.

력한 자질도 있고 유약한 자질도 있어서 한결같지 않다. 따라서
재상은 군주의 좋은 점은 따르고 나쁜 점은 바로잡으며 옳은 것은
받들고 옳지 않은 것은 막아서, 군주로 하여금 대중(大中, 중용)
의 경지에 들도록 해야 한다.

군주는 선출이 아닌 세습으로 옹립되기 때문에, 어떤 자질을 가
진 군주가 등극할지를 장담할 수 없다. 왕후나 후궁의 몸에서 좋
은 군주가 나올지, 나쁜 군주가 나올지, 이상한 군주가 나올지 아
무도 모른다. 이처럼 군주의 자질이 불확실하므로 좋은 자질을 갖

춘 재상이 사대부들의 대표가 되어 군주를 보좌해야 한다는 것이 정도전이 추구하는 이상(理想)이었다. 군주가 중용의 경지에 도달하는 것은 군주 자신이 아니라 재상의 책임이라는 것이 정도전의 생각이었다.

정도전은 재상의 역할이 군주를 보좌하는 선에서 그쳐야 한다고는 생각하지 않았다. 그는 재상이 국정을 장악해야 한다고 판단했다. 〈치전〉 편의 이어지는 부분에서 그 점을 확인할 수 있다.

> 요임금·순임금 시대에는 군주와 신하가 모두 성자였다. 그래서 조정에서 함께 도(都)라 유(俞)라 하면서 태평한 정치를 이루었다. 우왕·탕왕·문왕·무왕 시대에는 임금과 신하가 모두 현자였다. 그래서 함께 정치에 힘써 융숭한 치세를 이루었다. 패자(霸者)의 시대에는 군주가 신하보다 못했지만, 신하에게 전권을 맡겼기에 한때나마 공을 세울 수 있었다.

이 구절에서 정도전은 역사를 세 시기로 구분하고 있다. 정도전은 제1기인 요임금·순임금 시대에는 임금과 신하가 모두 성자였다고 보았다. 그래서 양측의 협력에 의해 태평성대를 구가할 수 있었다고 했다. '도라 유라 하면서'라는 표현은, 요임금이 신하들의 추천을 통해 순임금이라는 후계자를 찾는 과정을 묘사한 《서경》〈요전〉 편을 압축한 것이다. 정도전 시대의 지식인들은 《서경》 내용을 익히 알고 있었기 때문에, '도라 유라 하면서'라는 표현만 들어도 그것이 《서경》에 나오는 이야기라는 것을 알았다. 요임금이 혈육도 아닌 순임금에게 왕위를 물려줄 수 있었던 것은 요임금과 신하들이 모두 성자였기 때문이라는 게 정도전의 주장이다.

정도전은 제2기인 우왕·탕왕·문왕·무왕 시대에는 임금과 신하가 모두 현자였다고 보았다. 성자의 시대보다 한 단계 떨어진 현자의 시대이지만, 역시 양측의 협력에 의해 태평성대가 펼쳐졌다는 것이다.

그런데 제3기인 패자의 시대, 즉 춘추전국시대부터 양상이 바뀌었다는 것이다. 이전 시대만 해도 임금과 신하의 질이 똑같았지만, 이때부터는 임금의 질이 신하보다 떨어졌다고 보았다. 이것은 물론 정도전의 논리다. 제3기에는 덕이 아닌 패(覇), 즉 힘에 의한 권력을 추구하는 자들이 왕위를 차지했다. 이러한 시대에는 임금이 신하에게 전권을 맡길 때만 나라가 잘 운영될 수 있다고 정도전은 말하고 있다.

정도전이 역사를 3기까지만 언급한 것은, 자기 시대가 제3기에 해당한다고 암시하기 위해서였다. 〈치전〉 편의 이어지는 부분에서 그는 좀 더 명확히 본심을 드러낸다.

> 만약 임금이 중간 정도의 자질을 갖고 있을 경우, 사람(재상)을 잘 얻는다면 나라가 다스려질 수 있지만, 잘못 얻는다면 나라가 어지러워진다.

이것이 정도전이 전하고 싶었던 핵심 메시지다. '만약 임금이 중간 정도의 자질을 갖고 있을 경우'란 표현은 자기 시대의 임금들은 그 정도밖에 안 된다는 정도전의 인식을 드러낸 것이다. '지금도 여전히 그러한 시대이므로 훌륭한 재상이 국가를 경영해야 나라가 잘 굴러갈 수 있다'는 메시지를 전하고자 한 것이다.

제1기에는 임금·신하가 모두 성자였고, 제2기에는 양측 모두 현자였으며, 제3기부터는 임금의 질이 상대적으로 떨어졌다는 정도전의 주장은 사대부 중심주의를 관철하기 위한 논리에 불과하다. 상당히 많은 억지가 들어간 논리다. 부자연스러운 논리를 법전에까지 담을 수 있었던 것은 정도전과 사대부들이 당시의 세상을 지배했기 때문이다. 자신들의 힘으로 나라를 건설했으니 충분히 그럴 만도 하다. 그런 '오만함'이 《조선경국전》에 반영되어 있다.

《조선경국전》에서 드러나는 것은 정도전이 사대부가 중심이 되는 나라를 꿈꾸었다는 점이다. 다시 말해 그의 이상은 사대부가 군주를 보좌하면서 나라를 이끌어가는 것이었다. 물론 그가 일반 서민층에 좀 더 나은 세상을 선사하고자 한 것은 사실이다. 그러나 그것은 어디까지나 사대부가 정치의 중심이 되는 것을 전제로 한 뒤에야 가능한 것이었다. 좀 냉정하게 말하면, 백성을 위한 정치를 사대부 중심 정치의 결과물로 인식한 것이다. 이렇게 설명하면 정도전에 대해 다소 실망할 수도 있겠지만, 그럴 필요는 없다. 옛날 정치 풍토에서는 정도전 정도만 돼도 민본주의 정치가로 분류됐기 때문이다.

이처럼 현대 한국인에게 민본주의 정치가로 인식되는 정도전도 사실은 사대부 중심의 정치를 꿈꾸었다. 그만큼 고대에는 백성을 중심으로 사고하는 정치인이 흔치 않았다. 왕들도 그랬고 귀족들도 그랬고 선비들도 그랬다.

정도전은 세종 이도가 태어난 이듬해에 세상을 떠났다. 두 사람이 살던 시대는 별반 다르지 않았다. 그렇기에 세종 이도 역시 정도전 시대의 정치 풍토에서 크게 벗어날 수 없었다. 세종 역시 자기 백성들이 잘살기를 바랐지만, 그의 머릿속에는 백성을 중심으로 세상을 바라보는 가치관이 입력되어 있지 않았다. 다음 항목에서 소개하는 사례를 살펴보면 그 점을 좀 더 명확히 이해할 수 있을 것이다.

서얼의 지위를
개악하다

 어느 시대건 당대의 정의(正義) 관념과 관련된 사회적 쟁점이 있게 마련이다. 조선시대에는 첩의 자식인 서얼의 법적 지위와 관련된 문제가 그것의 일종이었다. 서얼은 첩의 자녀다. 첩에 대한 인식은 예나 지금이나 좋지 않다.

하지만 서얼의 경우에는 모호했다. 서얼이 자신의 출생을 선택한 것은 아니므로, 서얼에 대한 동정론도 상당 수준 존재했다. 첩의 지위를 개선하는 것은 몰라도, 서얼의 지위를 개선하는 것은 조선시대 사람들이 생각하기에 어느 정도는 정의의 관념에 부합하는 것이었다.

결과부터 말하면, 세종은 서얼의 지위를 개악(改惡)시키는 조치를 취했다. 그래서 서얼들의 입장에서 봤을 때 세종은 좋은 임금이 아니었다.

❖

허균이 쓴 소설 《홍길동전》에서 첩의 자식인 홍길동이 태어난 시대가 바로 세종 집권기였다. 한양에서 판각된 경판본 《홍길동전》에 따르면, 이 소설은 "조선조 세종 때에 한 재상이 있었는데, 성은 홍 씨요, 이름은 아무개였다."는 첫 대목으로 시작한다. 서얼 홍길동이 출생한 시대가 세종 집권기로 설정되었다는 것은 서얼 문제에 관한 한 세종이 그렇게 후한 점수를 받지 못했음을 보여준다.

어쩌면 홍길동은 세종 시대에 출생한 실존인물일 가능성이 있다. 《연산군일기》에 따르면, 반란군 수장 홍길동이 체포된 때는 연산군 6년 10월 22일, 즉 1500년 11월 13일 이전이다. 세종이 사망한 때가 이로부터 50년 전인 1450년 3월 30일(음력 2월 17일)이므로, 《홍길동전》의 기술대로 세종 집권기가 홍길동의 출생 시점일 가능성도 있다.

다시 본론으로 돌아와서, 여기서 다루고자 하는 것은 세종 이도가 서얼의 지위를 이전보다 더 떨어뜨린 이유가 무엇인가 하는 점이다. 그가 일부러 서얼들을 곤란하게 하려고 그랬던 것은 아니다.

사대부 가문의 아이. 경기 용인시 한국민속촌 소재.

여기에는 군주로서의 정책적 고려가 담겨 있다. 이를 이해하기 위해 서얼의 법적 지위가 어떻게 바뀌었는지를 먼저 살펴보자.

서얼(庶孼)은 서자(庶子)와 얼자(孼子)의 통칭이다. 서자는 어머니가 양인(良人), 즉 자유인인 경우이고 얼자는 어머니가 노비인 경우다. '서얼 문제'라고 하면 흔히 후자의 문제였다. 어머니가 양인이면 자녀도 양인이었기 때문에 양인 어머니를 둔 서자는 얼자에 비해 큰 차별을 받지 않았다. 진짜로 문제가 된 것은 어머니가 노비라서 그 자신도 노비일 수밖에 없었던 얼자들이었다.

어머니가 노비인 아이들의 법적 지위와 관련하여, 현재 확인할 수 있는 가장 이른 법적 조치는 고려 제10대 정종(靖宗) 때인 1039년의 것이다. 《고려사》 형법지에 따르면, 같은 해에 '천것이 어머니를 따르도록 하는 법'이 제정됐다. 천하느냐 여부, 즉 노비가 될 것이냐 여부는 어머니의 신분을 기준으로 한다는 뜻이다. 어머니가 노비면 자식도 노비로 인정된 것이다. 이 경우 자식은 어머니의 주인에게 귀속되었다.

다시 말해 '천것이 어머니를 따르도록 하는 법'의 진정한 취지는 노비 자녀의 신분을 규정하는 데 있다기보다는 노비 자녀의 소유권을 분명히 하는 데 있었다. '천것은 어머니를 따른다'라는 표현은 한문으로 천자수모(賤者隨母)다. 이에 근거해서 역사학계에서는 이 법을 천자수모법이라 부른다.

1039년에 나온 천자수모법은 기존의 사회관행을 성문 법규에 담은 것이었다. 이미 그 전부터 여자 노비와 남자 노비 사이에서 태어난 노비의 자녀는 어머니의 주인에게 귀속되었다. 다만, 11세기 전반기에 고려 사회가 안정됨에 따라 기존의 관행을 법률에 반영한 것뿐이다.

한편, 고려시대에는 부모 중 한쪽만 노비인 경우에는 자녀가 태어날 수 없었다. 법적으로 그런 결혼을 금한 것이다. 하지만 백성의 절반 이상이 노비인 상황에서 노비와 양인의 결혼 내지는 이성교제를 완전히 차단할 수는 없었다. 그래서 이런 경우를 대비한 관습법이 있었다. 관습법의 내용은 몽골 간섭기에 충렬왕이 몽골제국에 보낸 문서에 나와 있다.

몽골이 고려의 노비제도가 너무 심하다면서 개혁을 요구하자, 충렬왕은 몽골에 보내는 문서에서 '노비제도는 이미 오래된 관행'이라며 그들의 요구를 일축했다. 그런 뒤에 그는 "천인들의 경우는, 아비나 어미 중 한쪽이 천하면 곧 천한 것이다."라고 언급했다. 부모 중 한쪽이 노비이면 그 자녀는 무조건 노비가 된다고 말한 것이다. 이것을 일천즉천(一賤則賤)의 원리라 한다.

아버지는 양인이고 어머니가 노비인 경우에는, 일천즉천 원리와 앞에서 언급한 천자수모 원리가 동시에 적용되었다. 그래서 양인 아버지와 노비 어머니 사이에서 태어난 자녀는 어머니 쪽의 노비가 되었다. 어머니는 양인이고 아버지가 노비인 경우에는 일천즉천의 원리만 적용됐다. 이러한 자녀는 아버지 쪽의 노비가 되었다. 법적인 부부든 아니든 간에 부모 중 한쪽이 노비이면 반드시 노비가 될 수밖에 없도록 해놓은 것이다.

노비 주인들은 천자수모법과 일천즉천 원리 중에서 후자를 더 활용했다. 그들은 일천즉천 원리를 노비 확장의 도구로 삼았다. 12세기 이후의 고려 귀족들과 불교 사원들이 노비를 많이 보유할 수 있었던 것은 바로 이 때문이다. 그들은 일천즉천 원리를 이용해 자기

조선시대 노비의 모습. 경기도 남양주시 다산 유적지 소재.

소유의 여자 노비와 양인의 혼인 내지 이성교제를 부추겼다. 이러한 현상은 고려왕조의 멸망을 초래하는 데에도 기여했다. 일천즉천 원리에 따라 노비의 숫자가 많아지다 보니, 병역 및 납세 의무를 져야 할 양인의 숫자가 상대적으로 줄어들었고, 그만큼 국가가 병사나 세금을 모으는 일이 어려워진 것이다.

고려 말의 국방이 사실상 사병에 의존한 것은 바로 이 때문이다. 노비들을 대거 보유한 민간에서 자체적으로 사병을 키웠는데, 이성계의 여진족 사병이 고려 말에 부각될 수 있었던 것도 이러한 배경 때문이다. 이때 생긴 사병들은 조선 태종 때 가서야 꼬리를 감추었다.

일천즉천 원리 때문에 고려왕조가 붕괴하는 것을 목격한 조선왕조 정치인들은 양인의 수를 늘리기 위해 노비제도 개혁에 착수했다. 이들은 기존의 천자수모법에 종부법(從父法)을 결합하는 절충안을 만들었다. 이러한 절충안이 나온 때는 세종 이도가 등극하기 4년 전인 태종 14년 6월 27일(1414년 7월 13일)이다. 이때 나온 조치는 "공노비나 사노비가 양인 남편에게 시집가서 낳은 소생은 모두 아버지를 따라 양인으로 삼는다."는 것이었다. 노비 자녀의 신분은 원칙상 어머니의 신분을 따르되, 아버지가 양인인 경우에만 아버지의 신분을 따르도록 한 것이다. 즉, 노비 자녀의 신분은 원칙상 천자수모법에 따라 결정하되, 아버지가 양인인 경우에만 종부법을 따르도록 한 것이다.

여기에는 조건이 있었다. 노비 여자와 양인 남자의 자녀, 즉 얼자가 종부법에 따라 양인 신분을 받으려면 보충군에서 복무해야 했다. 보충군은 오늘날의 사회복무요원에 해당한다. 보충군의 임무는 관청에서 심부름을 하는 것이었다. 태종은 고려 말에 설치된 적이 있는 보충군을 태종 15년 3월 8일(1415년 4월 17일) 새로 설치하면서 얼자들을 여기에 소속시켰다.

보충군 복무는 얼자들에게 있어서 면천의 통과의례였다. 이러한 조치가 없었다면 그들은 아버지 집에서 평생 노비로 살아야 했을 것이다. 하지만 이러한 조치 덕분에 아버지와 똑같은 신분을 갖고 살 수 있는 길이 열렸다. 그렇게 되면 아버지를 아버지라 부르고 형을 형이라 부를 수 있는 것이다. 비록 집권 후반기의 일이었지만, 강력한 독재자의 이미지를 풍기는 태종 이방원의 시대에 이와 같은 진보적인 조치가 나온 것이 흥미롭다.

그런데 이러한 진보적인 조치가 철회된 때가 아이러니하게도 어질고 인자한 이미지를 풍기는 세종 집권기였다. 그것도 세종이 친정을 시작한 지 한참 지난 뒤였다. 세종 14년 3월 26일(1432년 4월 26일), 세종은 태종 때부터 시행된 얼자들에 대한 혜택을 크게 축소하는 조치를 내렸다. 태종은 아버지가 양인이면 얼자에게도 양인이 될 수 있는 기회를 줬다. 이에 비해 세종은 아버지가 관료이거나 생원이거나 과거 합격자 등인 경우에만 얼자가 양인 신분을 얻을 수 있도록 했다. 또 양인이 40세를 넘어 얼자를 낳은 경우에는 그 얼자도 양인이 될 수 있도록 했다. 가문이 끊어지지 않도록 특별히 배려해준 것이다.

어쨌든 세종의 이같은 법적 조치로 인해 세종 시대에는 얼자들의 지위가 한층 더 열악해졌다. 얼자가 양인으로 인정받을 수 있는 범위가 대폭 축소되었기 때문이다. 이러한 이유 때문에 《홍길동전》의 시대적 배경이 세종 집권기로 설정됐을 가능성이 높다.

세종 이도가 얼자들의 법적 지위를 악화시킨 이유는 무엇일까? 이것은 그가 얼자들을 특별히 싫어했기 때문이 아니다. 그가 그렇게 조치를 내린 데에는 여러 가지 이유가 있는데 그중 가장 주된 이유는 양인의 숫자를 줄이기 위해서였다. 양인 수를 줄이는 것은 노비 수를 늘리는 것을 의미한다. 양인도 소작농 같은 지위로 농토에서 일했지만, 조선시대 농토에서 실제로 일하는 사람들 대부분은 노비였다. 당시 고용주들은 자기와 똑같은 신분의 직원을 다루는 것에 그다지 익숙하지 않았다. 자기보다 신분이 낮은 사람들을 다루는 데에만 익숙했던 것이다. 고용주 입장에서는 국가가 노비 수를 늘려주기를 기대할 수밖에 없었다.

노비 수가 늘면 농업 생산성이 는다는 장점이 있는 반면, 양인으로부터 거두는 조세가 줄어들 수밖에 없었다. 그러므로 국가는 농업 생산성 증가로 인한 조세의 증가분과 양인 감소로 인한 조세의 감소분을 비교해서 정책을 결정할 수밖에 없었다. 세종은 전자가 후자보다 더 크다고 계산한 듯하다. 세종 역시 이전의 군주들처럼 백성을 나라의 주인이 아닌, 국가 재정의 관점에서 인식하고 대우한 것이다. 물론 신하들의 요구에 밀려 법률을 개정한 측면도 있었지만, '부왕이 제정한 법률을 바꿀 수 없다'며 버틸 수 있었는데도

신하들과 함께 측우기를 살펴보는 세종. 경기도 여주시 영릉 소재.

그렇게 하지 않은 것을 보면, 세종 역시 노비를 바라보는 특권층의 관점에서 자유롭지 못했던 것 같다.

　세종 시대에 공노비의 출산휴가를 늘린 것도 기본적으로는 국가 재정의 관점에 입각한 것이다. 세종 이전에는 관청에 속한 여자 노비가 출산하면 7일간의 휴가를 줬다. 그러던 것이 세종 때에는 여자 노비에게 산전 1개월 및 산후 100일의 휴가를 주고, 남편에게 산후 30일 휴가를 주는 쪽으로 바뀌었다. 여기에는 백성에 대한 세종의 애정도 반영되어 있지만, 그에 못지않게 정책적 고려도 담겨 있다. 세종 12년 10월 19일자(1430년 11월 4일자)《세종실록》에는 이것이 장래에 공노비가 될 갓난아이를 보호하기 위한 것이라고 언급되어 있다. 국가 노동력의 안정적 확보라는 고려도 어느 정도는 작용한 것이다.

세종 이도가 과학 창제에 주력한 것도 경제적 관점에서 파악할 필요가 있다. 그가 측우기·해시계·물시계·혼천의(천체 관측기) 같은 과학기구를 개발한 것은 기본적으로 농업 생산성 향상을 위해서였다. 현대 국가가 산업 생산성 향상을 위한 연구·개발을 후원하듯, 세종도 그렇게 한 것이다.

세종이 국부의 증진을 우선적으로 생각했다고 하여, 그가 나쁜 임금이었다고 말하는 것은 결코 아니다. 국부 증진을 열심히 추구하는 왕은 바람직하고 훌륭한 군주다. 여기서 백성에 대한 세종 이도의 재정적·경제적 고려를 설명한 이유는, 그를 휴머니스트로만 보게 되면 선입견에 사로잡혀 그의 진짜 고민을 올바로 들여다볼 수 없기 때문이다. 다른 왕들처럼 세종 또한 국부 증진을 우선적으로 추구할 수밖에 없는 처지에 있었다는 점을 인정해야만 그의 다른 모습들도 올바로 바라볼 수 있으리라.

그렇다면 세종이 백성을 위해 훈민정음을 만든 이유는 무엇일까? 민권보다 국부를 더 중시한 왕이었다면, 그렇게까지 노력을 기울여 훈민정음을 만들어야 할 이유가 있었을까? 그 점에 대한 이야기는 다음 항목에서 계속하기로 한다.

훈민정음은
왜 만들었을까?

현대 국가의 대통령들은 국민 앞에 수시로 모습을 드러낸다. 대중에게 자신을 드러낼 수 있는 수단을 적극적으로 이용해서 자기 생각을 국민에게 전달하고 국민들을 특정 방향으로 이끌려고 한다. 그러면 국민들은 SNS(소셜 네트워크 서비스)나 인터넷 등을 통해 대통령이 발표한 메시지에 대해서 자신들의 생각을 표출한다. 이렇게 현대 국가에서는 통치자와 국민 사이에 어느 정도는 직접적인 의사소통이 가능하다. 그래서 현대 국가의 대통령은 자신의 생각대로 민심을 모을 수 있는 가능성이 더 높아졌다.

물론 소통이 가능한 시대라고 해도 대통령의 메시지가 국민들에

〈어전준천제명첩〉영조 36년에 실시된 청계천 준천공역(준설)을 성공적으로 완공한 것을 기념하여 그린 일종의 기록화첩이다. 왕실행사뿐 아니라 국정에서도 왕의 의지는 중신, 선비 등 가교 역할을 하는 이들을 거쳐 백성에게 전달되었다. 부산광역시립박물관 소장.

게 정확히 전달된다는 보장은 없다. 국민들은 대통령의 메시지를 직접 확인한다고 생각하지만 사실 대통령의 메시지를 직접 확인하는 사람은 소수이고, 대부분은 텔레비전 뉴스나 신문 보도를 통해 확인한다. 그러므로 국민들은 언론사가 의도한 방향으로 대통령의 메시지를 이해하게 될 가능성이 매우 높다고 할 수 있다. 대통령의 메시지는 언론이나 사회 지배층에 의해 한두 번 걸러진 상태에서 국민에게 전달될 가능성이 높다.

하물며 소통 창구가 더 적었던 옛날의 군주들은 이러한 고민이 더

클 수밖에 없었다. 문자 해독률이 높지 않았던 옛날에는, 군주가 길거리에 담화문을 붙여놓아도 그것을 읽을 수 있는 사람은 제한적이었다. 상당수는 식자층이 전해주는 대로 군주의 메시지를 이해할 수밖에 없었다. 애당초 모든 백성이 읽을 수 있는 상태로 메시지를 전달하는 것은 불가능했다. 그렇기에 군주들은 자기 의지를 백성에게 그대로 전달하기가 힘들었다. 그래서 중앙과 지방의 지배층이 자기 의지를 백성에게 가급적 그대로 전달해주기를 희망했다. 하지만 그런 희망사항이 제대로 충족된 적은 별로 없었다. 세종 이도 역시 똑같은 고민을 할 수밖에 없었다.

　고려시대에 비해 조선시대 들어 중앙집권화가 더 강화된 것은 사실이다. 고려시대까지만 해도 중앙정부가 직접 지배하지 못하는 지방 군현이 많았다. 중앙에서 임명한 지방관이 파견되지 않은 곳이 많았던 것이다. 그런 군현들은 중앙의 지방관이 다스리는 군현의 통제를 받았다. 이러한 경우에 중앙 관리가 파견된 군현은 영군(領郡) 혹은 주현(主縣)이라 하고, 그런 군현의 통제를 받는 군현은 속군(屬郡) 혹은 속현(屬縣)이라고 했다. 속군·속현은 실제로는 지방 토호세력의 지배하에 놓일 수밖에 없었다.

하지만 조선시대에는 중앙의 직접 통제를 받지 않은 군현이 없었다. 사또라고 불리는 이들이 전국 모든 군현에 다 파견되었다. 그렇게 해서 전국의 모든 백성이 중앙에 있는 주상의 지배를 받게 되었다. 그뿐만 아니라 조선시대에는 중앙과 지방의 통신을 담당하는 역(驛)이 고려시대보다 훨씬 많았다. 세종 이전의 태종 시대에도 역을 개편하고 신설하는 작업이 있었다.

이와 같이 조선 초기에는 임금이 전국을 통제할 수 있는 길이 고려시대보다 더 많아졌지만, 세종은 자기 뜻을 백성들에게 정확히 전달할 방법을 고민하지 않을 수 없었다. 중앙집권화가 더 강화된 것은 사실이지만, 지방 백성들과 직접 커뮤니케이션을 할 방법은 여전히 요원했기 때문이다. 더군다나 한문이 어법에 맞지 않았기 때문에 지방 백성들과의 직접 소통의 어려움은 한층 더 심할 수밖에 없었다. 한문은 기본적으로 양반 사대부의 언어였다. 일반 백성들 중에도 한자를 아는 이가 적지 않았지만, 한자를 주로 사용하는 계층은 양반 사대부였다. 이러한 상태에서 군주가 전국에 왕명을 내린다 해도, 일반 백성들은 양반 사대부가 걸러주는 왕명을 접할 수밖에 없었다.

일반 백성들과의 소통 난관을 해소할 목적으로 고대로부터 사용되었던 것이 이른바 한국식 한자인 이두였다. 이두는 한자의 음과 뜻을 빌려 우리말을 적는 표기법이다. 일례로 《삼국사기》〈신라본기〉에 나오는 소지왕(소지마립간, 재위 479년~500년)의 칭호를 들 수 있다.

　소지왕은 고구려 장수왕(장수태왕, 재위 412년~491년)과 동시대 인물이다. 소지왕의 소지는 한자로 '炤知'로 표기한다. 비출 소(炤)와 알 지(知)로 '비추어서 알게 한다'는 뜻이다. 그런데 《삼국사기》에서는 소지왕의 이름을 소개하면서 "일설에는 비처(毗處)라고도 한다."고 했다. 김부식은 소지라는 이름과 비처라는 이름이 전혀 다른 이름인 것처럼 소개했지만, 두 가지는 실상은 같은 의미였다. '炤知'라는 한자어에 있는 '비추다'라는 뜻이 '비처'라는 글자 자체에 있다는 점을 간과한 것이다. 역사학자 신채호의 《조선상고사》에 따르면, 소지왕의 원래 이름은 '비추다'를 뜻하는 '비치'였다. 이것을 발음 그대로 표현한 글자는 '毗處'이고, 이것을 '비추다'란 뜻을 담은 한자로 표현한 글자는 '炤知'였다. 신라인들은 '毗處'와 '炤知'를 모두 비치로 읽었다.

　이두 표기법을 현대적인 예로 바꾸면, 별이란 이름을 가진 아이가 자기 이름을 'Byeol'로도 표기하고 'Star'로도 표기하는 것과 유사하다고 할 수 있다. 아이가 자기 이름을 'Byeol'로도 표기하고 'Star'로도 표기하는 것을 잘 아는 가족들은 아이 노트에 적힌 'Byeol'과 'Star'를 똑같이 '별'로 읽을 것이다. 마찬가지로 신라인들은 '毗處'와 '炤知'를 모두 '비치'로 읽었다.

예로부터 쓰인 이두는 조선시대에도 여전히 사용됐다. 일례로, 선조 12년 6월 7일(1579년 6월 30일) 청주 관아에 접수된 노비계약서에서 제목 다음의 첫 문장은 "우명문위와호사질단(右明文爲臥乎事叱段)"이라는 구절로 시작한다. 우명문(右明文)은 '오른쪽 제목과 같은 계약서'라는 뜻이다. 위(爲)는 이두에서 '하다, 하고, 하여'로 읽혔다. 와호(臥乎)는 이두에서 '-ㄴ'으로 읽혔다. '와호'가 '위'와 합쳐지면 '-하는'이란 의미가 됐다. 사(事)는 한자 의미 그대로 '일, 것, 사항'을 의미했다. 질단(叱段)은 '-은'의 의미다. 이러한 점들을 종합하면, 위 구절의 전체 뜻은 '오른쪽 계약서가 (다루고자) 하는 것은'이 된다. 당시에 이두 문자와 한자어를 섞어서 이두 문장을 만든 정황을 여기서 엿볼 수 있다.

세종 시대에는 한국식 한자인 이두가 있었지만, 이는 어디까지나 한자를 토대로 한 것이었다. 그래서 한자를 모르면, 한문은 물론 이두 문장도 이해할 수 없었다. 《훈민정음 언해본》에서 세종이 언급한 것처럼 "나라 말씀이 중국과 달라 한자와는 서로 통하지 아니하는 까닭에" 일반 백성들이 한자는 물론 이두를 배우는 데 한계가 있을 수밖에 없었다. 이러한 상황에서는 임금이 백성들에게 무언가를 전하려 해도 그 메시지가 백성들에게 올바로 전달될 수 없었다. 지방의 지배층이 한번 거른 내용이 백성들에게 전해질 수밖에 없었다.

훈민정음을 반포하는 모습을 상상으로 묘사한 그림. 서울시 동대문구 세종대왕기념관 소재.

《훈민정음 언해본》에서 세종은 "이러한 까닭에 어리석은 백성들이 말하고자 하는 바가 있어도 결국 자기 뜻을 펴지 못하는 이가 많다."고 했다. 이 언급에서처럼 백성 상호 간의 의사소통 증진을 돕고자 세종이 한글을 창제했을 수도 있다. 하지만 군주의 입장에서 그보다 더 중요한 것은 백성 상호 간의 소통이 아니라 자신과 백성의 소통이다. 세종은 군주의 메시지가 백성들에게 올바로 전달되지 않는 현실을 타개하고자 한글을 만든 게 아닐까.

세종이 한글을 만든 뒤에 한 일은 조선 왕실의 신성성을 강조하는 《용비어천가》 같은 작품을 한글로 만들어 백성들에게 전파하는 일이었다. 세종은 자신이 만든 한글로 백성들이 상호 소통할 수 있도록 하는 일보다는 왕실의 메시지를 백성들에게 전달하는 일에 좀 더 신경 썼다. 세종이 한글을 만든 의도가 어디에 있었는지를 이로부터 짐작할 수 있다.

물론 세종이 훈민정음이라는 쉬운 문자를 만듦으로써 백성들의 문자 생활에 조금이나마 도움이 된 것은 사실이다. 그런 의미에서 그는 분명히 백성을 사랑하는 군주였다. 하지만 세종이 훈민정음을 만든 최대 동기는 군주의 뜻을 백성들에게 좀 더 정확히 전달하고픈 욕구를 충족하는 데 있었다. 이는 세종이 한글을 만든 기본적인 의도다.

그러므로 한글 창제라는 사건을 애민정신이라는 관점에 지나치게 치중하여 바라본다면, 세종의 진정한 고민을 파악하지 못하는 결과를 초래할 수도 있다. 세종의 입장에서 백성은 소비자였다. 세종이 백성들에게 가장 크게 기대한 것은 그들로부터 최대의 조세 수입을 거둬 부강한 조선을 만드는 것이었다. 한글은 그 같은 세종의 목표를 실현하는 데 필요한 도구였다.

훈민정음 창제와 관련하여 아직 언급하지 못한 부분이 있다. 이 점은 다음 장에서 다시 언급하기로 한다.

다섯 번째 고뇌

|

조선 왕실에는
어떤 피가
흐르고 있을까

세종의 혈통과
유목민의 혈통

 세종의 내면을 이해할 때 주의할 것은, 그가 당연히 농경민의 사고방식을 가졌을 것이라는 선입견에서 벗어나야 한다는 점이다. 왜냐하면 그가 유목민의 후예였을 가능성이 있기 때문이다. 그의 할아버지 때만 해도 세종의 집안은 여진족이었을 가능성이 크다. 만약 세종이 유목민 출신 건국시조의 손자라면, 세종이 농경지대에서 태어나 성장했더라도 세종의 유전자 속에는 유목민의 DNA가 들어 있었을 가능성이 높고 어쩌면 그의 사고방식에 유목민의 특성이 반영되었을 수도 있다. 그렇기 때문에 세종 이도의 조상이 유목민 집안인지, 농경민 집안인지를 파악하는 것은 그를 이해하는 데 필수불가결한 일이다.

중국 북경시 중화민족원에 있는 여진족 코너. 중화민족원은 소수민족 박물관으로 북경 올림픽경기장 건너편에 있다.

역사학자 신채호가 《조선상고사》에서 말했듯이, 여진족은 처음에는 한민족과 같은 뿌리에서 출발했다. 신채호는 다음과 같이 주장하며 그 증거로 언어적·정치적 유사성이나 인명·지명 등의 유사성을 들었다.

"고대 동아시아 종족은 우랄어족과 중국어족의 두 파로 나뉘었다. 조선 민족과 흉노족 등은 전자에 속한다. 조선 민족이 분화하여 조선·선비·여진·몽골·퉁구스 등이 되고, 흉노족이 분화하여 이렇게 처음에는 한민족과 여진족이 하나였지만, 시간이 흘러 종족이 갈라지면서 여진족은 한민족이 주도하는 사회에서 소수민족으로 전락했다. 일례로 이들은 발해시대에는 말갈족이라는 명칭으로 우리와 함께했다. 이들의 선조가 고구려 시대에는 이 나라의 소수민족이었다. 오늘날의 중국이 55개 민족으로 구성되어 있듯이 만주의 지배자인 고구려도 여러 민족으로 구성되었고, 여진족은 그중 일부였던 것이다.

한국인 중에는 자기 조상이 여진족이었다는 말을 들으면 불쾌해하는 이들이 적잖을 것이다. 하지만 그럴 필요가 전혀 없다. 객관적으로 볼 때 여진족이 한민족보다 훨씬 더 많은 능력을 발휘했기 때문이다. 오늘날 우리 생각으로는 한민족은 문화민족이고 여진족은 야만민족이었을 것 같지만, 객관적인 자료만 놓고 보면 그렇게 말할 수 없는 것이 현실이다.

한국인들은 여진족이 기본적으로 유목민족인 데다가 우리 내부의 소수민족이었다는 이유로 무시하기 십상이다. 하지만 그들은 고려의 통제를 벗어난 뒤인 12세기에 금나라를 세워 동아시아 최강의 지위를 차지했다. 금나라는 한족의 나라인 송나라(남송)의 조공을 받고 송나라 황제를 책봉하면서 동아시아의 중심 국가 역할을 했

여진족이 세운 황궁인 북경 자금성.

다. 그 후 몽골의 침략으로 멸망한 뒤 14세기 후반부터 한민족과 중
국의 통제를 받은 여진족은, 조선·명나라·일본 3국이 임진왜란으로
지친 사이에 내부 통일을 달성하고 여세를 몰아 청나라를 세워 세
계 최강의 경제력과 문화 능력을 세상에 떨쳤다.

경제사 분야의 세계적 권위자인 안드레 군더 프랑크(Andre
Gunder Frank)의 《리오리엔트(Reorient)》에 따르면, 1644년에 중국을
점령한 여진족은 1800년 이전까지 세계 무역흑자의 40퍼센트 이상
을 흡수했다. 동아시아에서 출발한 몽골이 유라시아대륙을 휩쓴 뒤
로 세계 권력의 중심은 동아시아로 이전됐다. 몽골과 그 뒤를 이은

명나라·청나라는 각각 당대의 세계 최강국이었다. 물론 지금처럼 유라시아 서쪽과 동쪽의 교류가 원활하지 않아 서쪽의 강국과 동쪽의 강국이 충돌할 일이 별로 없었지만, 14세기 이후로는 동아시아가 여타 지역에 비해 상대적으로 우수했다.

이 점은 19세기 이전의 서양인들이 동아시아 서적을 열심히 번역한 것에서도 단적으로 드러난다. 도널드 라크(Donald Lach)와 에드윈 클레이(Edwin Kley)는 1965년에 쓴 《유럽을 만든 아시아, Asia in the Making of Europe》라는 책에서, 16~17세기에 유럽의 선교사·상인·선장·의사·선원·병사·여행자 등에 의해 수백 권의 아시아 서적이 유럽의 주요 언어로 번역되어 널리 읽혔다고 증언했다. 시어도어 포스(Theodore Foss)가 1986년에 쓴 중국 비단업에 관한 논문에 따르면, 18세기 서양인들은 중국의 기술서·실용서 등을 번역하는 데 관심을 쏟았다. 오늘날 한국에서 미국·일본의 기술서적을 번역하는 것과 유사하다고 할 수 있다. 13세기에 동아시아를 여행한 마르코 폴로의 《동방견문록》이 그 후 오랫동안 유럽인들 사이에서 인기를 끈 것도, 동아시아를 배우고자 하는 유럽인들의 욕구를 반영하는 것이었다.

이처럼 19세기 이전에는 동아시아가 상대적으로 우월했기 때문에, 17세기에 동아시아 최강 자리에 등극한 여진족의 청나라는 당시 세계 최강국이었음이 분명하다. 세계사의 비주류였던 서유럽은

1840년 아편전쟁에서 여진족이 세운 청나라를 제압한 뒤에야 세계 정상의 지위를 차지할 수 있었다.

이 정도의 이력을 보고도 여진족을 무시할 수 있을까? 오랫동안 여진족을 통제했던 한민족은 아직까지 단 한 번도 세계 최강이 되어본 적이 없다. 여진족과 한민족 중에서 과연 어느 쪽이 객관적으로 우수할까? 한민족이 여진족을 비웃을 수 있을까? 이성계가 설령 여진족이었다고 해도, 그것은 결코 이성계 집안이나 조선왕조의 얼굴에 먹칠을 하는 것이 아니다. 오히려 우리나라 역사의 폭을 넓혀주는 것으로 봐도 좋다.

지금 우리가 갖고 있는 각종 사료에서는, 이성계가 여진족이 아니라 한민족이라는 자료밖에 나오지 않는다. 그런 자료밖에 남지 않은 것은 당연하다. 이성계가 여진족이 아닌 한민족 사회의 정권을 잡았고 한민족 사회 안에서 헤게모니를 유지하려면 자신을 한민족으로 소개할 수밖에 없었으리라. 그 점을 생각하면 한국 사료에서 이성계가 한민족으로 등장하는 것이 조금도 이상하지 않다.

물론 이성계가 여진족이라고 100퍼센트 확실하게 말해주는 기록은 없다. 하지만 이성계가 여진족일 가능성을 보여주는 증거는 한둘이 아니다. 다시 말하면, 세종 이도가 여진족의 손자였을 가능성을 보여주는 자료가 한둘이 아닌 것이다.

여진족일 가능성이 높은
세종의 할아버지

 이성계는 고려 말 나라 안팎의 혼란을 기회 삼아 개경의 정치 무대에 등장했다. 몽골이 약해지자 중국 한족 농민들이 홍건적이라는 반군을 결성해서 몽골에 대항하는 한편 고려 땅에도 침입했다. 1350년대부터는 왜구가 동아시아 최대 해적으로 급부상하면서 고려 땅을 노략했다. 이성계는 자기 군대를 거느리고 홍건적과 왜구로부터 고려를 지켜내는 과정에서 이름이 드높아졌다. 그는 당시의 그 어느 고려 장수보다도 훌륭하게 고려 땅을 수호했다. 그렇게 그는 고려 정계의 핵심 인물로 급부상했다.

그러나 이성계는 자신을 바라보는 주류 고려인들의 싸늘한 눈빛을 의식해야 했다. 그가 이끄는 병사의 상당수는 국적은 고려인이었지만, 혈통은 동북방 소수민족인 여진족이었다. 그는 소수민족 병사들을 이끄는 장군이었다. 고려 사회의 비주류인 이들은 이 땅에서 여진족의 우수성을 홍보할 수 없었다. 아무리 금나라의 후예일지라도 고려 안에서는 어디까지나 소수민족이었다. 오늘날의 중국은 세계적으로 강력한 나라이지만, 한국에 거주하는 화교들은 힘을 쓸 수 없다. 화교들은 한국 안에서는 어디까지나 소수민족이다. 이러한 이치와 마찬가지다. 이성계와 그의 세력은 고려인들의 눈치를 봐야 했다. 아무리 고려에 군공을 세웠더라도 여진족 지역 출신이라는 한계를 잊어서는 안 되었다.

고려인을 의식했던 그들은 자신들이 여진족보다는 한민족에 가깝다는 것을 증명해야 했다. 그래야만 주류 사회에 쉽게 정착할 수 있다는 계산이었다. 하지만 그것은 불가능했다. 그들 대다수가 여진족이라는 것은 너무나도 명백한 사실이었기 때문이다.

공민왕이 몽골에 빼앗긴 쌍성총관부를 되찾을 때 도움을 준 것이 이성계 가문이다. 당시 쌍성총관부는 몽골의 행정구역인 요양행성(遼陽行省)의 개원로(開元路)에 속해 있었다. 이성계 가문은 천호(千戶)라는 지위를 바탕으로 그곳 관내에서 세력을 행사했다. 이성계 가문의 근거지에는 주로 여진족이 살고 있었다. 이주한 한민족도 살고 있었지만, 기본적으로는 여진족 땅이었다. 이러한 곳에서 세력가 역할을 했으므로 당시에는 누구라도 이성계를 여진족으로 볼 수밖에 없었다. 마찬가지 이유로 이성계 쪽 사람들도 자신들이 여진족이 아니라고 부정할 수가 없었다.

⬚

이성계 측이 내놓은 차선책은 주군인 이성계만큼은 여진족이 아니라는 논리였다. 이 논리는 1388년의 쿠데타를 계기로 이성계가 정권을 잡고 1392년에 조선을 세우는 과정에서 널리 퍼졌는데, 이성계 세력의 창칼로 뒷받침되는 권위에 힘입은 확산이었다. 공권력의 뒷받침 하에 널리 홍보된 것이다. 이성계가 주류 사회의 지식인 그룹인 신진사대부와 연대하여 새로운 왕조를 세웠기 때문에, 이성계보다 강한 권력을 갖지 않는 한 누구도 그의 출신을 문제 삼을 수 없었다.

하지만 권력으로 누른다고 해서 출신 문제를 완전히 감출 수는 없었다. 객관적 증거들까지 완전히 감추는 것은 불가능했다. 이성계가 여진족일 가능성을 보여주는 자료 중에서 대표적인 세 가지만 살펴보자.

첫째, 역사 무대에 등장할 당시 이성계는 분명히 여진족 거주지에 살고 있었다. 이 지역에는 고려왕조에 대한 법적 의무를 기피할 목적으로 흘러들어간 한민족 주민도 섞여 있었다. 하지만 이성계의 근거지는 어디까지나 여진족의 주 무대였다. 당시 사람들은 여진족을 바라보는 눈으로 이성계를 바라볼 수밖에 없었다.

이러한 시선을 불식하고자 이성계 가문은 다음 《태조실록》 언급처럼 주장했다.

> "전라도 전주의 세력가였던 이성계의 4대조 이안사가 기생 문제 때문에 지방관의 미움을 받은 뒤, 170여 가구를 이끌고 여진족 거주지로 도주해서 이 지역의 세력가가 되었다."

기생 문제로 전주의 지방관과 다툰 뒤 170여 가구를 이끌고 여진족 거주지로 도주했다는 것이다. 하지만 170여 가구를 이끄는 세력가가 여자 문제로 고향에서 쫓겨났다는 것, 농경 지역인 전주에서 쫓겨난 인물이 목축 혹은 유목 지역인 여진족 거주지에 가서 금세 지도자가 되었다는 것은 쉽게 납득하기 어렵다.

이안사가 이주한 곳은 저 멀리 몽골 초원의 변방도 아니고 한반도 동북부였다. 이미 오래전부터 사람들이 집단 거주했을 뿐만 아니라 세력 관계가 형성된 이곳을 차지하는 과정이 그처럼 평화스러울 수 있을까? 상당 규모의 전쟁을 치르지 않고서는 불가능하리라. 전쟁이 발생했다면 역사 기록에 분명히 남았을 텐데 그러한

유목민 가정이 이동하는 모습. 중국 내몽골 자치구 내몽골박물관 소재.

기록은 전혀 존재하지 않는다.

더군다나 수십 혹은 수백 가구가 세력가를 따라 이동하는 장면은 농경 사회보다는 유목 사회에서 쉽게 볼 수 있는 모습이다. 농경민 사회에서는 지주가 타지로 이동하면, 소작인들은 새로운 지주에게 충성한다. 옛 지주를 따라 170여 가구가 이동하는 모습은 농경 사회에서는 분명히 낯선 일이지만, 유목민 사회에서라면 그것은 매우 자연스러운 일이다.

이성계 집안이 전주에서 동북쪽으로 이동하면서 세력을 확대했다는《태조실록》의 기술은 이안사 생존 당시의 국제 정세와도 부합하지 않는다. 이안사는 13세기 초중반 사람이다. 이 시기는 몽골족의 세계 정복이 한창 전개되던 때였다. 몽골 기마병의 위세가 서쪽으로, 남쪽으로 팽창하던 시대였다. 이안사가 전주를 떠난 시기는 고려가 몽골을 상대로 40년간 항쟁을 벌이던 때였다. 즉, 이 시기는 북쪽의 기운이 남쪽으로 밀고 내려오던 때였다. 그런데 남쪽 전라도 세력가가 대규모 행렬을 이끌고 북쪽으로 올라가면서 세력을 확장했다고 하는 게 과연 이치에 맞을까? 몽골의 남진 방향과 무관한 곳으로 이동했다고 하는 게 더 이치에 맞지 않을까?

《태조실록》 기술 중 이안사가 대규모 집단을 이끌고 동북쪽으로 진출하면서 세력을 확대했다는 부분에는 분명히 의문점이 있다. 이안사가 이끄는 170여 가구는 몽골 기마부대의 남진에도 지장을 받지 않을 만큼 막강한 집단이었을까? 만약 그런 역량이 있는 집안이었다면, 기생 문제 때문에 지방관과 불화를 일으켜 전주를 떠날 이유가 있었을까?

이안사의 본거지가 본래부터 한반도 동북쪽에 있었다고 한다면 문제는 달라진다. 그렇다고 하면 이안사가 한반도 동북부 안에서 170여 가구를 이끌고 이리저리 이동했다는 이야기가 하나도 이상할 게 없다.

둘째, 이성계 집안의 가업은 농업이 아닌 목축업 혹은 유목업이었다. 《태조실록》 총서에서는 "목조(이안사)가 석성을 쌓고 소와 말을 놓아 먹였다."고 했다. 이안사가 전주의 대지주 출신이라면 이렇게 곧바로 유목민으로 돌변할 수 있을까?

농경민은 유목민에 비해 환경 적응력이 낮다. 몽골 초원 유목민의 변화 양상을 보면, 그들은 산림 지대에 들어가면 산림민처럼 살고 농경지대에 들어가면 농경민처럼 살았다. 유목민은 새로운 환경에 금방 적응한다. 하지만 태어날 때부터 농경민이었던 사람들은 그렇지 않다. 농경민은 새로운 곳에 가면 그곳 환경에 적응하기보다는 새로운 곳을 농경지로 바꾸려 한다. 농경민은 추운 동토에 가도 농사 욕심을 부린다. 만약 이안사가 전주의 농업 대지주였다면, 그 역시 새로운 곳에서 농업을 하려 했을 것이다. 하지만 이안사는 여진족 거주지에서 소와 말을 먹이는 유목민의 삶을 너무나 자연스럽게 영위했다.

《태조실록》 총서의 또 다른 부분에서는 이안사의 손자이자 이성계의 할아버지인 이춘이 지금의 함흥 근처인 함주로 진출한 이유를 설명하면서 의미 있는 이야기를 서술하고 있다. 이춘이 함주로 이동한 이유를 두고 "(이것은) 목축에 편리했기 때문이다."라고 말한 것이다.

이렇듯 사료에서 확인되는 이성계 집안의 생업은 농업이 아니라 목축업 혹은 유목업이다. 만약 이 집안이 전주에서 농업을 경영하던 지주 가문이었다면, 여진족 거주지를 어떻게든 농토로 개척하려 하지 않았을까? 농경민의 눈에는 유목민 땅이 황무지로 보일 수밖에 없다. 이 집안이 농경민이었다면, 이들은 필시 한반도 동북부에서 땅을 일구려 했을 것이다. 하지만 그들은 그렇게 하지 않았다. 유목민은 땅에다 뭔가를 심고 거기서 열매를 꺼내어 사는 삶을 살지 않는다. 그들은 땅은 건드리지 않고 땅 위에서 동물을 키우며 살 뿐이다. 이성계의 조상은 유목민의 방식을 따르며 살았다.

셋째, 이성계의 휘하 장수들은 주로 여진족 세력가들이었다. 세종 19년 8월 7일자(1437년 9월 6일자) 《세종실록》에 따르면, 이성계의 최측근이자 의형제인 여진족 이지란은 최소 500호 이상의 여진족 가구를 거느린 세력가였다. 이 외에도 주매·금고시첩목아·허난두·최야오내 등을 비롯한 10명 이상의 여진족 세력가들이 이성계를 보필했다. 이렇게 이성계의 측근 그룹은 여진족 세력가들로 구성됐다.

신약성경인 《누가복음》 4장 24절에서 예수는 고향에서 환영받는 선지자가 없다고 말했다. 종교 지도자는 자기 고향에서 힘을 쓸 수 없다는 뜻이다. 종교 지도자의 성장 과정을 지켜본 고향 사람들이 그를 신성시하기는 쉽지 않을 것이다. 아무래도 종교 분야에서는 신도들에게 신비하게 비치는 인물이 경쟁력을 가질 수밖에 없다.

하지만 군사나 정치 분야에서는 다르다. 이러한 분야에서는 자신과 지역적으로 가까운 사람을 지도자로 모시려는 경향이 강하다. 객지 출신의 후보자가 국회의원에 당선되기 힘들다는 것을 우리는 경험적으로 잘 알고 있다. 또 외국인이 아무리 한국어를 잘한다고 해도 한국군 병사들을 이끄는 것은 쉽지 않다. 외국인을 외국어 선생으로 모실 수는 있어도 우리의 군사 지도자나 정치 지도자로 모시기는 어렵다.

이성계는 여진족의 종교 교주가 아니라 군사 지도자였다. 일반적인 경험으로 비추어볼 때, 비(非)여진족 출신의 장수가 여진족 장교나 병사들로부터 고도의 충성심을 이끌어내기는 쉽지 않다. 정규군과 사병을 포함해서 고려 말에 존재한 군사 집단 중에서 단결력이 가장 강했던 것은 바로 이성계 군단이었고, 이는 이성계가 가장 강력한 장수가 될 수 있었던 핵심 비결이었다. 지휘관과 병사들의 혈통이 다르다면, 이렇게 강한 응집력이 나올 수 있었을까? 이러한 점을 보더라도 이성계가 여진족이었을 가능성은 매우 높다.

정리해보면, 이성계는 본래부터 여진족 지역에 살았고, 거기서 농업이 아닌 목축업 혹은 유목업을 경영하고 있었으며, 휘하 장수들도 거의 다 여진족 출신이었다. 그러므로 이성계 측이 만든 관찬 기록에 뭐라고 적혀 있든 간에, 이성계가 여진족일 가능성이 높다고 판단해도 무방할 것이다.

몽골 초원의 풍경. 내몽골 자치구에서 촬영.

　법률가는 증거로 말하고, 역사가는 사료로 말한다. 그런데 법률가가 법정에 제출된 증거를 무조건 믿지 않듯이, 역사가도 세상에 나온 사료를 무조건 믿지 않는다. 역사가는 해당 사료가 어떤 과정을 거쳐 세상에 나왔는지를 중시한다. 객관적으로 신뢰할 만한 분위기 속에서 사료가 생산되었는지를 먼저 고려하는 것이다. 자료가 객관적으로 믿을 수 있는 분위기 속에서 생산됐다고 판단되면, 역사가는 그제야 자료의 내용을 검토하기 시작한다. 이것은 법정에서 증거의 증거능력을 검토한 후에 증명력을 판단하는 것과 같은 수순이다. 증거능력은 증거가 될 수 있는 형식적 요건을 말하고, 증명력은 사건의 진실을 보여주는 신빙성의 정도를 의미한다. 역사학에서도 해당 사료의 형식적인 증거능력을 먼저 확인한 뒤 실체적인 증명력을 검토한다.

그런데 한국 역사학계는 이 문제와 관련하여 맹점을 보이고 있다. 이성계가 여진족 출신임을 보여주는 정황증거는 적지 않다. 한편, 이성계가 여진족이 아니라는 주장은 이성계 쪽에서 나왔다. 그런 주장은 객관적인 자료로 볼 수 없다. 이성계 쪽의 주장이 신빙성이 높지 않은데도 한국 역사학계는 이러한 점을 고려하지 않는다. 기본적인 절차도 거치지 않고, 이성계가 여진족이 아니라는 결론을 맹목적으로 받아들이고 있는 것이다. 지금까지의 이야기를 보면, 이성계가 여진족이라는 명확한 증거는 없어도 이성계가 여진족일 가능성이 상당히 높다고 봐야 하지 않을까.

이성계가 여진족일 가능성이 높다는 말은 이성계의 손자인 세종 이도도 여진족일 가능성이 높다는 말이 된다. 조선 왕실이 한민족 여성들을 신부로 맞이했기 때문에, 후대로 가면 갈수록 조선 왕실의 혈통에서 여진족의 흔적은 옅어졌을 것이다. 하지만 세종 집권기만 해도 이성계 가문이 여진족 지역에서 이주해온 지 얼마 되지 않은 시기였다. 따라서 왕실에 여진족의 혈통은 물론 여진족의 문화적 흔적이 진했을 가능성이 높다.

그렇다면 세종 이도가 세상을 보는 관점에도 여진족의 흔적이 묻어 있었을 가능성이 높다고 봐야 하지 않을까? 그는 오로지 농경민의 관점으로 세상을 해석하지 않았을 것이다. 기본적으로 유목민의 관점을 가진 상태에서 농경민의 관점을 절충한 시각으로 세상을 바라봤을 확률이 높다. 이 점에 대한 이야기는 항목을 바꿔서 계속하기로 한다.

세종 이도가 가졌을
여진족의 사고방식

 우리나라 건국신화에는 토착민과 외래인의 결합으로 새
로운 왕조가 들어서는 모습이 자주 등장한다. 고조선·고
구려·백제·신라·가야 등은 기본적으로 이러한 형식으로
건국되었다. 이성계가 여진족일 가능성이 있다는 점을 감안하면,
조선왕조 역시 그런 식으로 건국되었다고 볼 수 있다.

우리는 조선왕조가 이성계 무인 세력과 정도전 사대부 세력의 합
작품이라고 생각한다. 맞는 해석이다. 만약 이성계가 여진족이라는
게 확실한 진실이라면, 이성계 무인 세력을 여진족 무인 세력으로
대체해도 무방할 것이며 조선 건국은 여진족과 한민족의 합작품이
라고 말할 수 있을 것이다. 다시 말해, 여진족 무인 세력과 한민족

지식인 집단의 공동 작품이라고 이해할 수 있는 것이다.

물론 조선 초기의 전체 인구수에서 이성계 측 무인 세력과 여진족이 차지하는 비중은 크지 않다. 어떤 경우든 토착민과 외래인이 연합해서 나라를 세울 때에는 전체 인구에서 외래인 인구의 비중이 적을 수밖에 없다. 외래 이주민과 현지 토착민이 연합한다고 할 때, 토착민 세력은 피지배층 전체를 가리키는 게 아니라 원래의 토착 지배층을 가리키는 개념이다. 그러므로 건국 주체 세력만 놓고 보면, 토착민과 외래인의 차이가 그리 크게 나지 않게 된다. 즉, 조선 건국의 주역들 중에서 여진족 무인 세력이 차지하는 비중은 결코 적은 편이 아니었다. 따라서 조선을 여진족과 한민족의 연합으로 세워진 왕조라고 봐도 무방한 것이다.

사실, 정도전이 이끄는 한민족 사대부들이 이성계 측 여진족 병사들보다 많았다고도 볼 수 없다. 고려 말에 개혁파로 등장한 신진사대부의 일부만 정도전과 행동을 함께했기 때문이다. 이성계는 처음에 신진사대부의 전폭적인 지지를 받았다. 이는 신진사대부의 정신적 스승인 이색(李穡, 1328~1396)과 그의 1급 제자인 정몽주(鄭夢周, 1337~1392)가 이성계의 쿠데타인 위화도 회군을 지지하고 행동을 함께한 점으로도 알 수 있다.

하지만 이성계가 토지 개혁을 추진하면서 신왕조를 창업할 가능성이 보이기 시작하자, 신진사대부 안에서 '이탈표'가 대거 쏟아졌

삼봉 정도전 동상. 충북 단양군 도담삼봉 소재.

다. 특히 정몽주 같은 국립대학 성균관 출신들 사이에 이성계에 대한 거부감이 강하게 확산됐다. 엘리트 계층은 이성계와 손을 잡을 수는 있어도 이성계를 왕으로 모실 수는 없었던 것이다. 게다가 기득권까지 포기하면서 토지 개혁에 찬성할 생각은 더욱 없었다. 결국 정도전이나 남은 같은 소수만 제외하고 성균관 출신들은 이성계에게 등을 돌렸다. 그래서 이성계와 끝까지 함께한 신진사대부의 숫자는 얼마 되지 않았다.

세종 이도는 여진족이 대주주인 나라에서, 여진족일 가능성이 높은 인물의 손자로 태어났다. 그리고 제4대 주상이 되었다. 이도의 사고방식을 관찰할 때에는, 그가 여진족 군장의 손자일 가능성이 높다는 점을 감안하지 않으면 안 된다. 물론 이성계가 조선을 세운 뒤인 1397년에 이도가 태어났으므로 이도의 사고방식은 농경문명의 영향을 매우 크게 받았을 것이다. 하지만 조상 대대로 전해진 유목민적 사고방식에서 완전히 자유롭지는 못했을 것이다. 그가 세상을 바라보고 백성을 대하는 태도를 규명할 때 어쩌면 여진족의 사고방식으로 조선을 통치했을 가능성이 낮지 않다.

그런 맥락으로, 중국 대륙을 점령한 유목민 군주들의 세상 인식을 살펴보는 것은 세계와 백성을 바라보는 세종의 관점을 파악하는 데 참고가 될 것이다. 유목민 군주의 세상 인식을 보여 주는 가장 대표적인 것이 북위 효문제의 사례다. 이어지는 항목에서 효문제가 점령지를 대하는 방식을 살펴보자.

북위 효문제와
유목민 군주의 세상 인식

 북중국에 여러 유목민 왕조가 세워진 서기 4세기부터 수 나라가 통일을 이룩한 6세기까지, 중국에서는 유목민과 농경민의 기나긴 대결이 벌어졌다. 이 시기에는 5호(胡) 로 통칭되는 5대 유목민이 북중국에서 정치적 기반을 강화하면서 유목민과 농경민의 대결이 심화되었다. 이로 인해 북방 유목민은 황하 부근의 북중국을 차지하고, 여기서 밀려난 중국 농경민은 양 자강 주변의 남중국을 차지하게 되었다. 양자강 주변에 있던 월족 (베트남의 조상)은 그보다 더 남쪽으로 밀려나게 되었다.

이 시기에 북중국을 차지한 유목민은 그곳에 정복 왕조를 형성했 다. 소수의 유목민이 다수의 중국인을 통치하는 상황이 벌어진 것이다. 이때 유목민 군주가 어떤 생각으로 중국인을 대했는지를 잘 보여주는 사례가 있다. 북중국 최강국인 북위(北魏) 효문제(孝文帝)의 사례가 바로 그것이다.

이 시대에 유목민과 농경민이 오로지 대결만 벌였다면, 북중국과 남중국은 전혀 다른 문명권으로 분리됐을지 모른다. 그랬다면 오늘날과 같은 거대 중국이 형성되지도 못했을 것이다. 그런데 당시 유목민 군주는 피지배층인 중국 한족을 적극 포용하고 유목문명과 농경문명을 융합하기 위해 노력했다. 이렇게 융합된 두 문명을 바탕으로 하여 훗날 당나라가 중국 문명을 발전시킬 수 있었고, 또 그것을 토대로 하여 몽골이 중국을 지배하고 세계 패권을 행사할 수 있었다. 문화 융합 위에서 발전을 거듭했기에 13세기에서 19세기 전반까지 동아시아가 세계 문명의 중심이 될 수 있었던 것이다. 이러한 문명 융합에 크게 기여한 인물이 바로 효문제다.

효문제의 나라인 북위는 선비족이 세운 나라로, 선비족은 만주와 몽골 초원에 살다가 중국 내륙에 진출한 유목민족이다. 《삼국지》《후한서》《진서》 등 중국 역사서에 따르면 선비(鮮卑)라는 명칭은 지금의 중국 내몽골자치구에 있는 멍거한산이란 산에서 나온 것이라고 한다. 이 산의 옛 명칭이 선비산(鮮卑山)이었다는 것이다. 선비라는 한자 자체는 의미가 없다. 중국인들이 이들을 비하할 목적으로 낮을 비(卑)를 써서 선비족이라고 표기했기 때문이다. 선비족을 가리키는 원래 명칭에는 상서로움이나 상서로운 동물 등을 뜻하는 의미가 담겨 있었다고 한다. 중국인들이 비(卑)라는 한자 표기를 쓰면서까지 경멸한 선비족이 북위를 세워 중국 내륙을 지배하는 단계에까지 이른 것이다.

효문제는 471년부터 499년까지 28년간 재위했지만 실질적인 통치 기간은 9년밖에 안 됐다. 처음 5년간은 아버지인 현조 황제(헌문제)가 태상황제로서 집정했다. 세종 이도처럼 살아있는 아버지 밑에서 군주 수업을 받은 것이다. 다음 14년간은 헌문제의 양어머니이자 효문제의 할머니인 문명태후 풍씨(풍태후)가 태후 자격으로 집정했다. 즉위 당시 효문제(467년생)가 다섯 살밖에 안 됐기 때문에 재위 기간 중 19년간 섭정이 계속됐다.

풍태후의 집정이 끝난 490년부터 친정에 착수한 효문제는 중국 대륙의 역사에 길이 남을 문화 개혁을 벌였다. 그것은 유목민을 북중국에 정착시키는 한편, 한족 피지배층과 융화시키는 작업이었다. 이를 위해 그는 도읍 이전부터 서둘렀다.

북위의 수도인 평성(平城)은 유목문화 성격이 강한 곳으로 지금의 북경(베이징)에서 서쪽으로 직선거리 약 250킬로미터 떨어진 곳에 있었다. 유목민의 남하를 막기 위한 만리장성이 북경 바로 위쪽에 있는 데서도 알 수 있듯이, 고대에 이 지역은 유목문화가 지배하는 곳이었다. 효문제는 농경문화의 중심지이자 중국 한족의 전통적

만리장성. 중국인들이 북방 유목민족의 침입에 대비하여 세운 성벽이다.

도읍인 낙양(洛陽)을 새로운 도읍으로 생각했다. 낙양은 황하 인근
의 도시로서 산동성보다 위도가 낮은 곳이었다. 평성은 평안도 신
의주와 비슷한 위도에 있고, 낙양은 전라도 진도와 비슷한 위도에
있다. 꽤 먼 곳으로 천도를 시도했던 것이다.

　동서고금을 막론하고 도읍을 옮기려고 하면 기득권층이 반발하
게 마련이다. 정상적인 방법으로는 천도가 쉽지 않기 때문에, 효문
제는 잔꾀를 생각해냈다. 그는 남중국 왕조인 남제(南齊)를 치겠다
면서 대군을 이끌고 직접 원정에 나섰다가 낙양까지 남하한 후 아
예 그곳에 눌러앉아버렸다. 그렇게 이미 천도는 이루어졌다. 황제

가 대군을 거느린 상태이므로 귀족들도 함부로 반발할 수 없었다. 이 같은 과감한 천도의 결과로, 효문제는 농경문화의 중심지에서 북위가 발전할 수 있는 기틀을 마련했다.

천도에 이어 추진한 것은 복장 개혁이었다. 효문제는 유목민이 농경지에 정착하려면 옛날 옷부터 벗어야 한다고 생각했다. 말 타고 다니던 시절의 복장으로는 농경지대에서 생활할 수 없다고 판단한 것이다. 그래서 그는 초원에서 입던 복장의 착용을 금지했다. 물론 쉽게 지켜지지는 않았다. 송나라 사마광이 쓴 역사서인《자치통감》에 따르면, 법령이 발포된 지 5년이 지난 뒤에도 귀족 부인들이 유목민 복장을 걸치고 낙양 시내를 왕래할 정도였다. 이에 대해 효문제는 당사자들의 남편을 질책하는 방법으로 제재를 가했다.

또 효문제는 관청에서 선비족 언어를 사용하지 못하도록 했다. 30년 이상 선비어를 사용한 관료를 제외하고, 나머지 관료는 중국어를 사용하도록 했다. 정복민이 자기 언어를 버리고 피정복민의 언어를 택한 것은 이례적인 일이었다. 이것이 다가 아니었다. 효문제는 두 글자로 된 선비족의 성씨를 버리고, 중국인들처럼 한 글자로 된 성씨를 사용하도록 했다. 자신부터 모범을 보이고자 탁발 씨를 버리고 원(元) 씨를 택했다. 그래서 그의 이름은 탁발굉에서 원굉으로 바뀌었다.

또 관제 개혁에도 착수했다. 관품을 54단계로 세분한 뒤, 상층부에는 중국식 관직을, 하층부에는 북위의 관직을 배치했다. 선비족 귀족들을 중국식 문벌제도로 재편하기 위해 성족상정(姓族詳定)이란 제도도 시행했다. 선비족 귀족 가문들에게 서열을 부과함으로써, 이들이 황제를 중심으로 하나의 위계질서를 형성할 수 있도록 한 것이다.

오늘날 중국의 한족 지식인들은 "북방 유목민이 우리 문화에 동화되었다."고들 말한다. 하지만 효문제의 사례에서 나타나는 것처럼 실제로는 북방 유목민의 과감한 현지화 정책 덕분에 유목문명과 농경문명이 융합될 수 있었다. 실제로 발생한 것은 동화가 아니라 융합이었다. 효문제의 노력에 힘입어 선비족은 북중국에 연착륙할 수 있었고, 이를 바탕으로 유목민과 농경민을 하나로 묶을 수 있었다. 그 결과, 북중국에서는 두 문명이 하나로 융합되어 훨씬 더 수준 높은 호한(胡漢, 유목민+한족) 문명이 생성될 수 있었다. 훗날 북중국 출신의 수나라가 남중국을 흡수하고 중국을 통일한 것은, 효문제의 과감한 문화 개혁 이래로 북중국이 강해졌기 때문이다. 한족 지식인들은 유목민들의 현지 정착을 유목민들의 항복으로 간주하지만 유목민 군주들의 입장에서 보면 그것은 유목민들의 승리였다.

효문제의 태도는 북위 이외의 유목민 왕조들에게도 영향을 미쳤다. 새로운 점령지의 문화를 파괴하는 게 아니라 적극 수용하는 자세를 취하게 된 것이다. 이는 훨씬 뒤에 중국을 점령한 여진족이나 몽골족의 사례에서도 드러난다. 그들은 중국 문화를 파괴하지 않고 자신들의 문명과 중국 문명을 융합하는 태도를 보였다. 역사 기록과 친숙하지 않은 몽골족이 중국 한족 왕조들의 관행을 답습해서, 이전 왕조인 송나라·요나라·금나라의 역사서인 《송사》《요사》《금사》를 편찬해준 것도 기존의 중국 문화를 존중하는 태도에 입각한 것이었다.

이러한 태도는 이성계의 건국 과정에서도 나타났다. 이성계는 건국 작업을 정도전에게 맡기시다시피 했다. 도읍을 결정하는 문제나 도읍을 구체적으로 설계하는 문제는 물론이고 왕국의 제도와 법률을 만드는 문제까지 정도전에게 사실상 일임했다. 이것은 미시적 시각으로는 이성계 개인이 정도전 개인에게 건국 작업을 맡기는 것으로 보일 수 있지만, 거시적 시각으로는 여진족을 대표하는 이성계가 한민족을 대표하는 정도전에게 건국을 맡긴 것으로 볼 수도 있다. 이성계 역시 효문제처럼 현지인들의 문화를 존중했다고 볼 수 있는 것이다.

이성계의 아들인 이방원도 이러한 태도에서 크게 벗어나지 않았다. 이방원은 정도전의 재상 중심주의에는 반대했지만, 정도전의 핵심 주장인 사병 혁파를 답습했다. 이방원은 정도전이 정한 건국의 틀에서 크게 벗어나지 않았다.

이방원의 아들인 이도도 기본적으로는 고려 주류 세력인 한민족의 문화를 존중하는 태도를 보였다. 이러한 측면에서는 할아버지나 아버지와 크게 다르지 않았다. 그런데 이도는 한 가지 측면에서 할아버지나 아버지와 상반된 태도를 취했다. 조선 건국의 한 축인 한민족 사대부의 뜻에 배치(背馳)되는 일을 한 것이다. 바로 새로운 문자의 창제였다. 훈민정음 창제에 얽힌 세종의 또 다른 사고방식에 관한 이야기가 다음 항목에서 이어진다.

한자에 대한 저항 정신과
훈민정음 창제

 할아버지인 이성계가 여진족일 가능성이 높다는 점을 감안하면, 손자인 이도가 훈민정음을 창제한 일에는 복합적인 의미가 있다. 백성들에 대한 애민정신의 표현이기도 하고, 백성들을 좀 더 장악하기 위한 정치적 의도의 표현이기도 하며, 농경민족에 대한 유목민의 대결 정신이 담긴 것이기도 하다.

동아시아 농경민은 한자의 틀에서 크게 벗어나지 않았다. 이것은 이 지역의 농경지대에 대한 중국 패권과 관련된 것이었다. 중국 패권을 수용하는 쪽에서는 한자 역시 거부하지 않았다. 한국과 일본에서 각각 이두와 가나를 개발하기는 했지만, 그것 역시 한자를 표현 수단으로 하는 것이었다. 더군다나 각국 내에서 이두와 가나는 모두 한자의 벽을 넘지 못했다.

이에 반해, 동아시아 유목 지대에서는 한자에 대한 거부감이 강했다. 유목민은 자기들만의 고유 문자를 고집했다. 거란문자·서하문자·티베트문자·여진문자·몽골문자의 존재에서 알 수 있는 것처럼, 동아시아 유목민은 한자를 자신들의 문자로 받아들이지 않았다. 중국과 오랫동안 대결하는 동안 한자에 대한 거부감도 생겨났을 것이다.

중국 농경지대를 정복한 뒤에도 유목민의 태도는 마찬가지였다. 한자를 문자로 받아들이기는 했지만, 자신들의 고유 문자도 여전히 사용했다. 청나라를 세운 여진족이 대표적인 사례에 해당할 것이다.

조선 후기에 이루어진 청나라와의 교류는 사극이나 역사소설에 자주 등장한다. 사극이나 소설에서는 두 나라의 교류가 한문으로 이루어진 것처럼 비쳐진다. 하지만 청나라의 공식 문서는 만주어로 작성된 뒤에 한문으로 번역됐기 때문에, 조선과의 외교문서도 이러한 식으로 작성될 수밖에 없었다.

청나라 황실이 세운 티베트 사원인 옹화원에 가보면, 동일한 현판에 만주어·몽골어·티베트어·한자가 함께 적혀 있는 장면을 볼 수 있다. 현판에서 글자의 배열 구조를 보면, 한자의 위상이 네 개 언어 중에서 두 번째임을 금방 느낄 수 있다. 자금성 같은 다른 곳도 사정은 마찬가지였을 것이다. 청나라 황실이 망하고 중화민국이 세워지

북경시 옹화궁에 있는 만주어·한자·몽골어·티베트어 현판.

삼전도비. 서울시 송파구 석촌 호수 소재.

는 과정에서 만주어·몽골어·티베트어가 주요 유적지에서 많이 사라 졌을 가능성이 높다.

청나라의 주된 언어가 만주어였다는 점은 서울 송파구 석촌호수 에 있는 삼전도비에서도 확인할 수 있다. 이처럼 농경지대를 정복한 유목민들은 현지 문화를 존중하면서도 자기들의 언어를 끝까지 지 키려 했다.

이러한 양상이 고조선을 포함한 한민족의 경우에도 똑같이 나타났다. 고조선을 포함한 고대 한국이 이두나 한자가 아닌 제3의 문자를 사용했을 가능성을 보여주는 정황이 있다. 대표적인 것이 세종의 한글 창제 과정이다. 구체적으로 말하면, 한글 창제 과정에서 세종과 둘째 딸 정의공주(貞懿公主, 1415~1477) 사이에 있었던 일화가 정황 증거 중 하나가 될 수 있다.

소헌왕후 심씨와 세종 이도의 차녀로 출생한 정의공주는 죽산 안 씨인 안맹담과 결혼했다. 죽산 안 씨의 족보인《죽산 안 씨 대동보》에 세종과 정의공주에 관한 일화가 나온다.

세종은 한글을 창제하는 과정에서 여러 고대 문자들을 참조했다. 그중에 변음(變音)과 토착(吐着)이란 게 있었다. 변음의 음(音)자는 문자의 일종이었던 것으로 보인다.《죽산 안 씨 대동보》에 따르면, 처음에는 세종이 왕자들에게 변음을 보여주면서 "이것을 해석해보라."고 지시했다. 이는 변음이 당대에는 쓰이지 않는 고대 문자의 일종이었음을 의미한다. 토착 역시 고대 문자의 일종이었을 것이다.

그런데 이상한 점이 있다. 세종이 변음과 토착의 해석을 왕자들에게 부탁했다는 사실이다. 언어학자들도 아닌 왕족들에게 "이 글자들을 어떻게 읽으면 좋겠느냐?"고 문의한 것이다. 이것은 당시 조선의 사대부 지식인들 사이에는 그런 글자를 읽을 사람이 없었다는 뜻이다. 한민족 사대부들은 한자만 사용했으므로, 그들이 그런 글자를 알 리 없었을 것이다. 왕족이 언어학자들도 아닌데 그들에게 문의한 이유는 무엇일까?

만약 세종 이도의 할아버지인 이성계가 여진족이 아니라면, 그 같은 세종의 행동은 정말로 미스터리한 일이 될 것이다. 하지만 이성계가 여진족이라면 그것은 조금도 이상한 일이 아니다. 세종이 한글 창제 과정에서 변음이나 토착을 참고했고 이것들의 의미와 발음을 알아내기 위해 비(非)학자들에게까지 문의했다는 것은, 변음과 토착이 한민족의 문자를 만드는 데 도움이 되는 문자였음을 의미한다.

그렇지만 당시의 한민족 지식인들 중에는 그런 문자를 해독할 사람이 없었다. 세종이 자기 자식들에게 물어본 것은 자기 집안에는 그 문자를 해독할 만한 사람들이 있었다는 뜻이 된다. 이성계가 여진족이라면 그 자손들은 엘리트 여진족 3세일 수 있다는 말이 된다.

고대로 가면 갈수록 여진족과 한민족의 문화적 차별성이 옅다. 발해시대까지는 두 민족이 한 국가의 울타리 안에서 살았다. 그러므로 여진족 사이에는 한민족의 고대 문자에 관한 지식이 전승되었을 가능성이 높다. 중국화 노선을 걸은 신라가 고구려·백제를 멸망시킨 뒤에는 한자 문화가 한민족 내부에서 우세해졌지만, 신라인들처럼 노골적인 중국화 노선을 걷지 않은 여진족 사이에서는 한민족의 고대 문자에 관한 지식이 남아 있었을 가능성이 높다. 이러한 점을 감안하면, 세종이 여진족 3세일 가능성이 높은 자기 왕자들에게 변음이나 토착의 해독을 부탁한 사실이 조금도 이상할 게 없는 일이 된다.

세종의 왕자들은 아버지의 질문에 제대로 대답했을까? 《죽산 안 씨 대동보》에서는 그렇지 않다고 한다. "(왕자들은) 모두 풀지 못했다."고 이 책은 말한다. 세종이 최종적으로 물어본 대상이 바로 정의공주다. 죽산 안 씨 집안에 시집간 정의공주에게 서한을 보내 문자 해독을 부탁하자, 정의공주는 별다른 어려움 없이 문제를 해결해주었다고 한다. 세종은 너무 기쁜 나머지 공주를 드높여 칭찬하면서 노비 수백 명을 상으로 하사했다고 한다.

정의공주가 도움을 준 내용은 세종의 한글 창제 과정에 반영되었을 것이다. 세종이 크게 칭찬하면서 큰 상을 내렸다는 기록을 보면, 한민족 고대 문자로 보이는 변음이나 토착을 해독한 것이 세종의 한글 창제에 적잖은 도움이 되었음을 알 수 있다. 여진족일 가능성이 있는 세종의 가문 내에서 한민족 고대 문자를 해독하는 데 필요한 지식이 전승되고 있었다는 점은, 여진족과 한민족이 한 울타리에서 살던 고대에는 두 민족 사이에 공동의 문자가 있었을 가능성을 보여주는 것이다. 달리 해석하면, 농경민족으로 완전히 정착되기 이전의 한민족도 여타의 동아시아 유목민족처럼 고유의 문자를 갖고 있었을 가능성을 보여주는 것이다.

이러한 해석에 힘을 실어주는 것이 있다. 위작 논란이 있는 《단군세기》의 기술이다. 《단군세기》는 고려 후기의 문신인 이암이 엮은 고조선 역사서다. 이암이 이 책을 편찬한 시점은 공민왕이 몽골에 맞서 자주화 정책을 전개하던 때였다. 자주적인 역사서가 나올 필요성이 대두되었을 시점이다.

하지만 《단군세기》를 포함한 고조선 역사서는 조선 세조와 예종 때 집중적인 탄압을 받았다. 고조선은 물론이고 고조선의 국교인 신선교에 대한 책도 모조리 압수되고 불태워졌다. 이러한 사실은 세조 3년 5월 26일자(1457년 6월 17일자) 《세조실록》과 예종 1년 9월 18일자(1469년 10월 22일자) 《예종실록》에서 확인할 수 있다.

이러한 이유 때문에 조선왕조가 강할 때에는 고조선 관계 서적이 세상에 나올 수 없었다. 그러다가 조선왕조가 해체 일로에 접어든 구한말 이후로 고조선 서적들이 세상에 모습을 드러내게 되었다. 이렇게 수백 년간 숨어 있던 책들이 다시 나왔으니 학자들로서는 책의 진위 여부를 의심하지 않을 수 없는 것이다. 그래서 위작이냐 아니냐를 두고 논쟁이 생긴 것이다.

바로 이 《단군세기》의 〈제3대 가륵단군(嘉勒檀君)〉편에 아래와 같은 기록이 있다. 가륵단군의 재위 2년인 기원전 2181년에 삼랑 을보에게 정음(正音) 38자를 짓도록 명하였다. 이것이 가림토다. 글자는 다음과 같다.

　훈민정음은 28자인 데 비해, 가림토 문자는 38자인 점이 다르다. 하지만 모양새는 비슷하다. 이와 비슷한 모양의 글자가 고조선 토기에서도 발견되었다. 중국 요녕성(랴오닝성)에서 발견된 이 토기는 기원전 5~4세기경에 제작된 고조선 토기다. 위의 가림토 문자 중에서 첫째 줄의 맨 왼쪽에는 'ㆍ(아래아)'와 흡사한 글자가 있고, 같은 줄의 오른쪽에서 두 번째에 영어의 X와 비슷한 글자가 있다. 이 고조선 토기에는 'ㆍX·X'와 비슷한 글자들이 새겨져 있다. 이것이 무슨 뜻인지는 알 수 없지만, 《단군세기》에 나온 가림토 문자와 비슷한 것은 사실이다.

　이러한 점들을 종합하면, 고조선에도 고유 문자가 있었을 가능성이 높다는 진단을 내릴 수 있다. 농경민족보다는 유목민족에 좀 더 가까운 고조선에도 고유의 문자가 있었다면, 한자에 대항한 고유 문자를 보유한 것은 동아시아 유목민족들의 공통점이라고 봐도 무방할 것이다.

이러한 각도에서 본다면, 조선 초기의 임금인 세종이 한민족 사대부 세력의 냉소를 무릅쓰면서까지 훈민정음을 창제한 배경 중 하나를 짐작할 수 있다. 유목민 군주가 한자에 맞서 독창적인 문자를 갖고자 했음이리라. 이를 감안하면, 훈민정음 창제를 이끈 원동력 중 하나는 그의 핏줄일지도 모른다.

　세종 25년 12월 30일자(1444년 1월 19일자)《세종실록》에서는 세종이 옛날 글자를 모방해서 훈민정음을 창제했다고 말했다. 정인지가 지은《훈민정음》의 서문에서도 똑같은 말을 했다. 훈민정음이 고조선 글자와 비슷한 점을 감안하면, 여진족일 가능성이 높은 세종이, 한민족과 여진족이 한가족으로 살았던 고조선시대의 글자를 토대로 훈민정음을 만들었을 가능성이 높다고 판단할 수 있다. 이처럼 한자에 맞선 세종의 훈민정음 창제는 중국 중심의 세계질서를 거부하는 유목민 군주의 특성을 반영하는 것이었다고 해석할 수 있다.

훈민정음 창제에 담긴
세종의 또 다른 혜안

지금까지 훈민정음 창제와 관련하여 여러 가지 측면을
논의해보았다. 이와 관련하여 빼놓을 수 없는 또 다른
측면이 있다. 한반도에서 한자 외의 문자를 창제하는 것
은 정치적 모험을 전제로 하는 것이었다는 점이다. 훈민정음 창제
는 세종 이도의 대담한 태도가 반영된 것이기도 하다.

조선왕조가 창업되기 훨씬 전에 이미 한반도는 농경지대가 되었
다. 《삼국사기》를 읽다 보면, 왕들이 농경을 권장하는 장면을 자주
볼 수 있다. 이것은 이때까지도 한반도의 상당 부분이 아직 제대로
된 농경지대로 변하지 않았음을 방증하는 것이다. 고구려·백제가
망한 뒤로는 왕들의 농경 권장 모습이 상대적으로 적게 나타난다.

이는 이 시기 전후로 한반도의 농경지대화(化)가 어느 정도 완성되었음을 보여주는 것이다. 이렇게 농경지대로 안정화되면서 한반도는 중국과 더욱더 친해졌고, 그 결과로 한자 문화에도 친숙해졌다. 한반도의 기득권층은 한자에 대한 적응력을 높이게 됐고, 이들은 그것을 기반으로 사회적인 지배력을 행사하게 됐다.

이러한 상황에서 세종은 기득권층의 이해관계를 무시하고 새로운 문자를 창제했다. 이는 그가 북위 효문제와 다른 사고방식을 갖고 있었음을 보여주는 행보다. 효문제는 유목민 시절의 언어마저 포기하고 선비족의 중국 정착을 촉진한 데 비해, 세종은 새로운 문자를 내놓으면서 기존 사회를 흔들려 했다. 적어도 이러한 문화적인 면에서는 세종이 상당히 도전적인 태도를 갖고 있었던 것이다.

문자의 흥망성쇠는 문자를 사용하는 세력의 흥망성쇠에 비례한다. 문자를 사용하는 세력이 강해지면 그 문자도 강해진다. 오늘날 영어의 세계적 보편화를 봐도 이 점은 명확하다. 청나라 때만 해도 제1언어였던 만주문자가 지금은 거의 사라진 것은 이 문자 자체가 경쟁력이 없어서가 아니라 만주족의 힘이 미미해졌기 때문이다. 그런 의미에서 새로운 문자를 내놓는 것은 기존 문자를 사용하는 기

사대부 선비의 모습. 다산 유적지에서 찍은 사진.

득권층과 '맞짱'을 뜨겠다고 하는 것과 다를 바 없었다. 한글 창제
에 대해 사대부 세력이 떨떠름한 반응을 보인 것도 한글 창제에 담
긴 그 같은 정치적 함의 때문이었다.

　그런데 세종은 사대부 세력이 강성할 때에 훈민정음을 창제했
다. 당시 사회를 주도한 사대부 세력은 고려 공민왕 때 중앙의 권력
을 쟁취했다가 조선이 세워지는 과정에서 그중 일부가 지방으로 물
러났다. 이 세력은 15세기 후반에 사림파의 형태로 다시 중앙 정계
에 나타나 16세기 후반에 선조의 즉위와 함께 권력을 획득했다. 훈
민정음을 창제할 때 사대부 세력은 강성했다. 한자를 통해 권력을

한글을 사용하는 인도네시아 찌아찌아족의 교과서.

유지하는 세력의 힘이 강력할 때 훈민정음 창제가 이루어진 것이다. 훈민정음이 세종 당대에 널리 전파되지 못한 이유는 바로 거기에 있다. 한글은 세종 당대뿐만 아니라 그로부터 450년 동안 널리 전파되지 못했다. 그만큼 한자 사용 세력의 힘이 막강했던 것이다.

19세기 말과 20세기 초에 주시경의 한글 전파가 효력을 발휘하여 한글이 대중화될 수 있었던 것은, 양반 사대부들이 이 시기에 사회적 권위를 상실했기 때문이다. 전봉준이 주도한 동학농민전쟁이 1894년에 조선왕조를 강타한 데에서도 드러나듯이, 이 시기에는 이미 양반 사대부의 힘이 약해져 있었다. 그러한 상태였기 때문에 주시경의 한글 운동이 실효를 거둘 수 있었던 것이다. 그런데 세종 이도는 양반 사대부의 힘이 막강한, 15세기 전반에 훈민정음을 세상에 내놓았다. 그랬으니 그의 시대에 훈민정음의 영향력이 미미했던 것은 당연한 일이다.

이도는 분명한 목표를 갖고 있었으나 고집불통 군주는 아니었다. 그는 열성을 다해 훈민정음을 창제했지만, 통용을 위해 무리수를 두지는 않았다. 그는 양반 사대부들에게 훈민정음을 억지로 강요하지 않았다. 가능한 한 범위에서 일부 서적을 훈민정음으로 발행함으로써 훈민정음을 안정 궤도에 올려놓는 정도의 일을 했을 뿐이다. 새로운 문자를 창제하는 도전적인 프로젝트를 성사시켰다면, 그것의 확산을 위해 정치적 투쟁을 불사하는 선택지도 있었을 것이다. 하지만 그는 모험을 하지는 않았다. 이것은 그가 조선 왕실의 권력 유지를 무엇보다도 우선시했음을 보여주는 증표다. 왕실의 존립 기반을 위태롭게 할 수 있는 무리수를 기피한 것이다.

훈민정음 창제에서 나타나는 것처럼, 세종은 때로는 한반도 기득권층을 상대로 무언가 대단한 일을 할 것 같으면서도, 힘이 부족할 때에는 절대로 모험을 하지 않았다. 세종의 이러한 특성은 신하들에 대한 그의 태도에서도 잘 드러난다.

왕권과 신권의
조화는
불가능한가

왕권과 신권에 관한
한국적 전통

 군주와 신하의 관계는 흔히 왕권 대 신권(臣權)의 대결 구도로 요약된다. 그런데 임금은 윗사람이고 신하는 아랫사람이다. 그러므로 군주와 신하의 대결 구도가 성립한다고 하면 어딘가 어색하다고 생각할 수도 있다. 그러나 왕권과 신권의 대결은 동서고금을 막론하고 문제가 되어 왔다. 신권을 앞세운 귀족 세력과 이에 맞선 군주의 투쟁은 역사학의 단골 주제다. 이 점은 오늘날에도 마찬가지다. 대통령은 야당은 물론이고 여당과도 갈등을 겪는다. 야당뿐 아니라 여당도 대통령의 권력을 견제한다.

조선시대에도 똑같은 구도가 있었다. 왕권과 신권의 대결은 건국 직후에 이방원과 정도전의 대결로 첨화되었다. 정도전은 신권의 우위를 재상 정치 혹은 사대부 정치라는 논리로 정당화했다. 법전인《조선경국전》에 재상 중심주의를 규정한 데에서 알 수 있듯이, 정도전은 신권의 우위를 아예 법제화하려 했다. 이 선택은 이방원에 대한 견제였고 이로써 두 사람의 대결이 가열됐다. 처음에는 정도전의 우세로 전개되는 듯하다가 이방원의 기습 쿠데타로 전세가 역전된다.

어쨌든 이방원의 승리로도 왕권 우위가 확립되지는 못했다. 인간 사회 어디서나 항상 벌어지는 일을 이방원의 카리스마만으로 종식시킬 수는 없었기 때문이다. 이방원의 아들 대인 세종 집권기에도 왕권과 신권의 갈등은 여전히 계속됐다. 이방원이 주도한 제1차 왕자의 난 때 신권 중심주의 세력이 패배한 것은 일시적인 현상이었다. 이방원과 함께 정변을 성사시킨 세력 내에서 신권주의는 다시 살아났고 왕권 중심주의에 도전장을 내걸었다. 왕권과 신권의 대결은 그 후로도 계속 조선 정치의 화두가 되었다.

한국인의 전통적인 시각에서 보자면, 왕권이 신권에 의해 제약되는 게 상식이었다. 왕권이 형식상으로 우위에 있는 것은 당연했지만, 실질적으로는 신권 우위가 오랜 관행처럼 굳어진 것이다. 왕실의 관점이 반영된 관찬 역사서에서는 왕권 강화나 중앙집권에 높은 가치를 부여했지만, 나라를 이끄는 지배층에게는 왕권보다는 신

임금의 일상적 집무실인 경복궁 사정전의 내부 모습.

권이 우세한 게 합리적이기 때문이다. 고구려·백제·신라·가야 같은 고대 왕국에서도 마찬가지로 실권은 귀족들의 수중에 있었고, 임금은 최종 결재나 하는 정도였다.

고구려 대막리지 연개소문이 오랫동안 주목받는 이유가 있다. 신채호의 《조선상고사》에 따르면, 귀족 공화제 전통이 강한 고구려에서 연개소문은 이례적으로 1인 독재체제를 굳혔다. 한민족 정치사에서 군주는 물론 1인 실권자가 권력을 독점하는 것은 드문 일이었다. 주요 귀족들이 합의체 형식으로 정권을 장악한 상태에서 군주가 귀족 합의체의 결정을 형식상 추인(追認)하는 게 한민족의 전통적인 정치 행태였다.

물론 연산군이나 광해군 같은 왕들은 이례적으로 막강한 권력을 행사했다. 연산군은 신하들의 부인을 마음대로 농락할 정도로 강력한 권력을 보유했고, 광해군은 명나라에 대한 사대 정책을 훼손할 정도로 힘이 강했다. 이들은 일시적으로나마 사대부 세력을 무력화시키면서 왕권을 이례적으로 강화시켜 놓았다. 하지만 그들은 바로 그 이유 때문에 왕자급인 군(君)으로 추락했다. 연산군과 광해군의 사례는 한국에서 군주가 독재를 하면 어떻게 되는지를 잘 보여주었다. 태종이나 숙종은 강력한 군주로 평가받지만, 연산군이나 광해군처럼 양반 사대부들을 그렇게까지 억압하지는 않았다. 태종이나 숙종은 양반 귀족들의 배척을 사지 않을 정도로만 강력한 권력을 행사했다.

한국적 전통에서는 정도전의 사상이 상식이고, 이방원의 생각이 비상식이었다. 보통의 상황이라면 이방원이 패하고 정도전이 승리했을 것이다. 하지만 결과는 정반대였다. 이방원이 승리하고 정도전이 패했다. 결정적인 원인은 국제 문제에 있었다.

정도전은 동아시아 최강 명나라를 배척했고 이방원은 그렇지 않았다. 정도전은 명나라의 적으로 명확하게 드러났지만, 이방원은 그렇지 않았다. 바로 이 때문에 명나라 황제 주원장이 정도전의 지위를 흔들었고, 이것은 이방원이 조선 내에서 좀 더 많은 지지를 얻는 데 기여했다. 이외에도 여러 가지 요인이 두 사람의 승패에 영향을 줬지만, 가장 결정적인 요인은 명나라의 향방이었다. 이렇게 해서 이방원의 왕권 중심주의가 승리했고, 그 기반 위에 이도가 왕의 자리에 올랐다.

하지만 이방원의 승리가 그렇게 견고한 것은 아니었기 때문에, 세종 이도는 이전 왕들처럼 신권과의 대결에서 왕권을 지켜야 할 과제를 안고 있었다.

의정부 서사제와
육조 직계제

이도가 왕이 될 당시에 왕권 중심주의를 반영하는 제도가 시행되고 있었다. 육조 직계제(六曹直啓制)가 바로 그것이다. 육조 직계제는 고려시대부터 전해진 의정부 서사제(議政府署事制)의 반대 개념으로 왕의 명령을 육조에 직접 하달하여 실행하고 육조도 직접 왕에게 보고하는 제도다.

의정부 서사제란 육조가 의정부에 업무에 관한 보고를 하면 의정부가 이것을 검토한 뒤 주상에게 보고하고, 주상의 재가가 의정부를 거쳐 육조에 전달되도록 하는 제도다. 주상과 행정관청 사이에서 의정부가 조정자 역할을 한 것이다. 이것은 왕권을 견제하고 신권을 강화하기 위한 제도였다.

의정부 관료들은 형식상으로는 군주에 의해 임명되었지만, 이들은 양반 사대부 계층의 관점에서 국정 현안에 접근했다. 군주도 이것을 막을 수는 없었다. 군주 옆에서 나랏일을 볼 수 있는 사람들은 대개 귀족 가문 출신이었기 때문에 군주는 이들을 배제하고는 국정을 운영할 수 없었다. 그러다 보니 자기가 임명한 의정부 관료들이 왕실보다는 기득권층의 입장에서 국정에 개입하는 것을 막을 수 없었다. 이러한 배경 때문에 의정부 대표인 조선의 영의정은 대한민국의 국무총리와 근본적으로 다를 수밖에 없었다. 흔히들 영의정을 국무총리와 등치시키지만, 사실 이 두 자리는 전혀 다른 성격의 자리다. 국무총리가 대통령 편인 데 반해, 영의정은 군주의 적이 될 수도 있었기 때문이다.

대한민국 헌법에 규정된 총리의 직무는 대통령의 직무와 겹친다. 현행 헌법 제86조 제2항은 "국무총리는 대통령을 보좌하며, 행정에 관하여 대통령의 명을 받아 행정 각부(各部)를 통할한다."고 규정하고 있다. 또 제82조에서는 "대통령의 국법상 행위는 문서로써 하며, 이 문서에는 국무총리와 관계 국무위원이 부서(副書)한다."고 규정하고 있다. 국무총리란 자리는 대통령의 명령에 따라 행정부를 통할하고 대통령이 작성하는 공식 문서에 서명하는 자리다. 그러므로 헌법상의 총리는 대통령의 복제판과 다름없다.

총리가 외형상으로는 막강해 보이지만, 실제로는 힘이 별로 없다. 대한민국 정치 현실에서, 헌법상의 권한을 행사하려고 하는 순간에 총리는 옷을 벗거나 대통령과 맞설 준비를 해야 한다. 이렇게 허수아비나 다름없는데도 일부러 총리를 두는 것은, 대통령이 책임져야 할 중대 사안이 발생할 경우에 대통령을 대신해 물러날 사람을 준비해두기 위해서라고 볼 수 있다. 이른바 '방탄용'으로 총리를 두는 것이다. 여기에 대한민국 총리 제도의 의의가 있다. 이러한 '방탄용' 관행이 없었다면, 대한민국의 역대 대통령들은 제대로 임기를 채우기도 힘들었을 것이다. 총리 제도는 대통령의 임기를 보장해준다는 점에서 실용적인 의의가 있다.

영의정은 얼핏 보면 총리와 똑같은 자리로 보이지만, 곰곰이 살펴보면 그렇지 않다. 《경국대전》의 〈이전(吏典)〉 편에서는, 영의정이 지휘하는 관서인 의정부의 직무와 관련하여 "전체 관원을 통솔하고 국정 전반을 통할하고 음양을 다스리며 국가를 경영한다."고 규정했다. '음양을 다스리며'라는 것은 만물이 잘 순행하도록 돕는다는 의미다. 사서오경의 하나인 《예기》에서 알 수 있듯이 옛날에는 우주만물의 법칙이 지상에 잘 구현되도록 만드는 것도 국가의 책무에 포함됐다. 음양을 다스리는 것도 임금과 의정부의 책임에 포함됐다.

《경국대전》에 나오는 의정부의 책임은 곧 영의정의 책무였다. 규정만 놓고 보면, 영의정의 책무는 임금인 주상의 책무와 겹쳤다. 영의정의 직무와 주상의 직무가 겹치고 대한민국 총리의 직무와 대통령의 직무가 겹치니, 영의정과 총리가 별다른 차이가 없다고 여길 수 있지만, 그렇지 않다. 영의정은 임금이 임명하지만, 임금의 이해관계보다 기득권층의 이해관계를 대변하는 경우가 더 많았다. 기득권층을 대변하지 않는 인물을 영의정에 임명하는 것 자체가 쉽지 않았다. 영의정은 임금의 뜻도 존중해야 하지만 무엇보다도 사대부 세력의 동향을 주시하지 않으면 안 되었다. 이렇게 사대부의 이익을 대변하는 영의정이 주상과 행정관청의 중간에 서서 정책을 조율하도록 하는 제도가 의정부 서사제였다. 이 제도 하에서는 군주의 영향력이 제약될 수밖에 없었다.

의정부 서사제를 폐지하고 육조 직계제를 시행한 것은 태종 이방원이다. 이것은 그가 그만큼 강력한 군주였음을 보여준다. 집권 5년 뒤인 1405년에 이방원은 육조 판서에게 정책 결정권을 쥐어주고 주상과 직접 소통하도록 하는 한편, 의정부의 역할을 정책 자문기관 정도로 전락시켰다. 육조 직계제 시행을 위해 이방원은 육조 장관의 명칭을 전서(典書)에서 판서로 바꾸면서 품계를 정3품에서 정2품으로 올렸다. 이 조치는 태종 5년 1월 15일자(1405년 2월 14일자)《태종실록》에 "의정부의 서무를 나누어 육조에 귀속시켰으며, 육조에 판서 한 명씩을 두고 품계를 정2품으로 했다."는 내용으로 소개되어 있다. 의정부의 권한을 빼앗아 육조에 이관함으로써 행정 관청에 대한 주상의 장악력을 높이는 동시에, 관료들이 3정승을 중심으로 뭉치지 못하도록 한 조치였다.

세종 이도도 육조 직계제를 계승했다. 그는 상왕을 지내는 아버지로부터 육조 직계제를 통해 신하들을 견제하는 방법을 배웠을 것이다. 세종도 육조 직계제 하에서 국정을 운영했다. 그러나 그는 아버지처럼 강력한 군주가 아니었다. 무엇보다도 귀족 공화제적 전통이 있는 나라에서 왕이 국정 전반을 독재적으로 운영하는 데에는 한계가 있었다. 그래서 그는 현실과 타협하게 된다.

등극 18년 뒤인 1436년, 세종 이도는 아버지가 만든 육조 직계제를 포기하고 의정부 서사제로 돌아갔다. 세종 18년 4월 12일자 (1436년 4월 28일자)《세종실록》에 따르면, 세종은 의정부 서사제 시행에 관한 교서를 통해 중국에서도 요임금·순임금 때부터 재상이 국정을 운영해왔다는 점을 지적했다. 그러면서 다음과 같이 지시했다.

"태조(이성계)께서 제정해놓으신 법에 따라 육조에서는 각기 맡은 직무를 의정부에 먼저 보고하고, 의정부에서는 가부를 의논하

광화문광장에 있는 의정부 터. 사진 오른쪽 하단에 의정부 터를 표시하는 문구가 있다.

어 주상에게 보고하고 재가를 받은 뒤 육조로 돌려보내 시행하게
하라."

주상과 육조 사이에 의정부가 개입하도록 한 것이다. 이방원이

만든 뒤로 31년간 시행된 육조 직계제를 그의 아들이 폐기하는 순간이었다. 육조 직계제는 이방원의 정치적 신념을 담은 것이었다. 그는 왕권이 신권에 억눌려서는 안 된다는 신념으로 정도전의 신권주의에 맞서 싸웠고 그 결과로 정권을 쟁취했다. 그리고 강력한 왕권을 구축할 목적으로 세자 이제를 폐위하고 충녕대군 이도를 왕으로 만들었다. 아들이 외척들에게 휘둘리지 않도록 해주고자 사돈인 심 씨 집안까지 박살낸 이방원이었으니, 아들이 육조 직계제만큼은 사수해주기를, 재상들에게 휘둘리지 않기를 바랐을 것이다. 필시 이방원은 아들이 육조 직계제를 잘 활용하기를 기대했으리라.

세종도 그런 아버지의 바람을 모르지 않았을 것이다. 하지만 세종은 아버지의 작품을 자기 스스로 폐기했다. 이것은 그가 기득권층인 양반 사대부 세력과 충돌을 빚기보다는 되도록 순리적으로 타협하려 했음을 보여주는 것이다. 문화적인 면에서 훈민정음 창제로 사대부 세력의 심기를 살짝 건드리기는 했지만, 정치적인 측면에서는 육조 직계제를 폐지하며 사대부 세력과의 충돌을 되도록 회피했다.

그런데 세종이 의정부 서사제를 복원한 데에는 또 다른 요인이 있었다. 바로 건강 문제였다. 이 점은 뒤에서 좀 더 자세히 설명하겠다.

신하들의
눈치를 살피다

 세종은 주관이 강했다. 왕자 시절에 큰형님인 세자를 대하는 모습을 보면 그가 얼마나 담대한 남자였는지를 짐작할 수 있다. 그런데 임금이 된 뒤에는 그런 모습이 잘 드러나지 않았다. 처음 4년간은 아버지의 눈치를 보고, 그 뒤로는 어느 순간부터 신하들의 눈치를 봤다. 그는 강력한 왕권을 추구하는 군주라기보다는 신권과의 조화를 추구하는 군주에 더 가까웠다.

세종이 신하들의 눈치를 봤다는 점은, 오랜 재위 기간 동안 궁녀 숫자를 크게 늘리지 않은 사실에서도 잘 드러난다. 궁궐 살림을 운영하기 위해서는 상당한 숫자의 궁녀가 필요했다. 하지만 세종은 궁궐에 궁녀를 두는 일에 있어서 관료 사회의 눈치를 살폈다.

태종 14년 6월 8일자(1414년 6월 24일자) 《태종실록》에 따르면, 이도가 왕이 되기 4년 전인 1414년에 조선 왕궁의 궁녀 숫자는 '수십 명' 정도였다. 한국과 중국의 고전에서 '수십'이란 수치는 일반적으로 20~30명을 의미한다. 《태종실록》에서 말한 '수십 명'이 정확히 몇 명을 가리키는지는 알 수 없지만, 여기서 알 수 있는 것은 태종 시대의 궁녀가 그리 많지는 않았다는 점이다.

물론 이 시기에 비정규직 궁녀가 훨씬 더 많았을 가능성이 있다. 비정규직 궁녀란 무수리·비자·방자 등을 말한다. 여기서 비자(婢子)는 궁궐 안팎의 연락을 담당하는 자리이고, 방자(房子)는 궁녀를 보조하는 자리였다. 태종 때 이례적으로 무수리 숙소를 궁궐에 설치한 사실이 《태종실록》에 언급된 점을 보면, 태종은 비정규직 궁녀를 충원하는 편법을 통해 궁녀 숫자를 확보했을 가능성이 있다. 궁녀 숫자를 줄이라는 사대부들의 요구를 비껴가고자 그렇게 했을 가능성이 있다. 그런 식의 편법을 사용하지 않았다면, 수십 명 정도의 정식 궁녀만으로 궁궐 살림을 운영할 수는 없었을 것이다.

세종 이도는 수십 명이던 정식 궁녀를 100명 가까이 늘렸다. 이 점은 효종 4년 7월 2일자(1653년 8월 24일자) 《효종실록》에서 확인할 수 있다. 여기에는 정1품 영중추부사 이경여가 세종을 칭송하는 내용이 나온다. 이경여는 세종 이도의 7대손이다. 그는 세종 시대에는

세종 어진. 경기도 여주시 영릉 소재.

궁녀가 100명을 넘지 않을 정도로 왕실이 검소했다며 자신의 7대조를 칭송했다. 이는 세종 시대의 궁녀 숫자가 100명은 안 되더라도 여기에 근접했음을 의미한다.

이경여가 궁녀 수십 명을 둔 태종은 칭송하지 않고 궁녀를 100명 가까이 둔 세종을 칭송한 것은, 태종 때는 무수리 같은 비정규직 궁녀가 훨씬 더 많고 세종 때는 그런 궁녀가 적었기 때문일 가능성이 있다. 비정규직까지 합할 경우에는 태종 시대가 훨씬 더 많았기 때문에 태종 시대는 칭찬하지 않고 세종 시대만 칭찬한 것이 아닐까. 좀 더 추론해보면 태종이 받아들인 궁녀의 상당수를 세종이 내보냈을 수도 있다.

세종 이후의 궁녀 숫자를 살펴보면, 세종 때 100명도 안 됐다는 것이 얼마나 '칭송받을 만한 일'인지 짐작할 수 있다. 성종 1년 2월 6일자(1470년 3월 8일자)《성종실록》에 따르면, 성종 시대에는 대왕대비전·왕대비전·대전에 속한 궁녀가 총 105명이었다. 여타 처소에 근무한 궁녀의 숫자는 알 수 없어서 대략 '최소 105명'이라고 했다. 이경여가 성종 시대의 궁녀 숫자를 칭송하지 않은 것을 보면, 성종 시대에는 105명보다 훨씬 더 많은 궁녀가 있었을 것이라고 추론할 수 있다. 조선 후기 기록인 인조 14년 8월 1일자(1636년 8월 30일 일자)《인조실록》에 따르면, 당시의 궁녀는 230명이었다.

한편, 전기(傳記)라고도 하고 소설이라고도 하는 작자 미상의《인현왕후전》에서는 숙종과 인현왕후의 혼례식을 묘사하면서 "이날 왕비를 책봉하여 곤위에 오른 뒤 …… 삼백 궁녀의 하례를 받으셨다."고 했다. 이는 숙종 초기의 궁녀가 대략 300명이었을 가능성을 보여준다. 《인현왕후전》은 인현왕후의 입장에서 장희빈을 폄하한 책이라서 100퍼센트 신뢰할 수는 없지만, 기본적인 뼈대나 시대 배경만큼은 역사적 사실에 배치되지 않을 뿐만 아니라 궁녀 숫자 같은 지엽적인 문제에서까지 진실을 숨길 이유는 없으므로 '삼백 궁녀'란 표현을 어느 정도 신뢰해도 좋을 것이다.

숙종 시대를 지나면서 크게 늘어난 궁녀의 숫자는 영조 때에 이

조선시대 궁녀의 모습. 경기 수원시 화성행궁 소재.

르러 600명을 초과했다. 영조 13년 3월 26일자(1737년 4월 25일자) 《영조실록》에는 영조가 "600명의 궁인도 부족하다."고 발언하는 대목이 나온다. 이 발언은 궁녀의 숫자를 늘리기 위해 관료들과 논쟁하는 과정에서 나온 것이다. 영조 시대 실학자인 이익이 쓴 《성호사설》에서는 당시의 궁녀가 684명이라고 했다. 만약 비정규직 궁녀까지 합하면, 실질적인 궁녀 숫자는 훨씬 더 늘어날 것이다. 이러한 점을 고려하면, 세종 시대의 궁녀 숫자가 다른 시대에 비해 상당히 적었음을 알 수 있다.

궁녀를 두는 문제는 왕권과 신권의 대립을 초래할 수 있는 사안이었다. 궁녀와 내시는 결혼도 하지 않고 자녀도 두지 않은 채 오로지 왕실의 일만 했다. 당연히 오늘날의 청와대 직원들보다도 충성심이 훨씬 더 강할 수밖에 없었다. 따라서 궁녀나 내시를 많이 두면 왕권이 강화되고 신권이 제약될 소지가 농후했다.

군대를 많이 두는 것도 이와 비슷한 문제였다. 군대를 튼튼히 하면 국방이 튼튼해지지만, 무엇보다도 왕권이 단단해진다. 조선 후기에 효종 임금이 중앙군 확충 정책을 펼치자 양반들이 대대적인 저항을 벌인 것도 그런 이유 때문이었다.

효종의 정치적 라이벌이자 집권당 영수인 송시열의 글을 모은 《송서습유》의 〈악대설화〉 편에 따르면, 효종은 송시열을 비롯한 집권당 사람들이 중앙군 확충 정책을 방해하자, 효종 10년 3월 11일(1659년 4월 2일) 송시열과의 독대에서 '중앙군을 확충하고자 하는 것은 왕권을 강화하기 위해서가 아니라 실은 북벌을 위해서'라는 취지로 협조를 요청했다. 그러자 송시열은 "마음공부를 먼저 하시라."며 효종의 요청을 일축했다. 효종이 북벌을 추구했다는 이야기는 여기서 나왔다. 임금이 중앙군 확충 정책을 추진하다가 일이 제대로 풀리지 않자 갑자기 북벌론을 들고 나오니, 효종의 정적이자 스승인 송시열은 효종의 동기를 의심할 수밖에 없었고, 그래서 "마음공부를 먼저 하시라."고 무안을 준 것이다. 이렇게 집권 서인당과 갈등을 빚던 효종은, 송시열과의 회담 이후 약 2개월이 지난 효종 10년 5월 4일(1659년 6년 23일)에 갑자기 세상을 떠나고 말았다.

효종의 중앙군 증강 정책을 집권당이 반대한 것은 그것이 왕권 강화와 직결되는 일이었기 때문이다. 사대부들이 '궁녀 증강'을 반대한 것도 비슷한 이유에서였다. 궁녀건 내시건 군대건 간에 임금이 부릴 수 있는 사람의 숫자가 많아지면 임금이 강력해질 수밖에 없었다.

그런데 세종은 실질적인 측면에서 아버지 때보다 적은 궁녀를 보유했다. 후세의 임금들과 비교해보아도 세종은 궁녀를 적게 충원했다. 이 때문에 그는 사후에 궁녀를 적게 뽑은 군주라며 세상의 칭송을 들었다. 다시 말하지만 이는 세종이 그만큼 양반 사대부들의 눈치를 많이 의식하고 살았음을 뜻한다.

탐관오리 황희를
묵인하다

 세종 이도가 기득권층 양반들을 많이 의식했다는 점은 양반들의 대표 주자인 재상들을 대하는 태도에서도 잘 드러난다. 세종은 신하의 결점을 가급적 눈감아주었다. 물론 아무런 원칙도 없이 눈감아준 것은 아니다. 결점을 상쇄하고도 남을 만큼의 능력이 있는 경우에만 그렇게 했다. 이는 명재상으로 알려진 황희(黃喜, 1363~1452)에 대한 태도에서 잘 드러난다.

황희는 조선시대의 대표적인 청백리(淸白吏)로 알려져 있다. 일반인 차림으로 황희 정승의 집을 방문한 세종대왕이 그의 청빈한 삶에 감탄했다는 이야기는 유명하다. 일국의 정승이 집에서 멍석을 깔고 있었을 뿐만 아니라 밥상에 누런 보리밥과 된장과 고추밖에

황희 초상. 62세 때의 황희의 모습이다. 상주박물관 소장.

없어서 놀라움을 금하지 못했다는 일화는 웬만한 한국인들이 다 아는 바다.

　그런데 공식 기록에 나타나는 황희의 모습은 이와 정반대다. 공식 기록 속의 황희는 탐관오리에 가까운 인물이다. 아니, 탐관오리에 가까운 정도가 아니고 탐관오리의 극치를 달렸다고 해도 과언이 아닐 것이다. 이러한 사람이 어떻게 청백리의 대명사로 불렸을까 하는 의문이 들 정도로 말이다.

세종 10년 6월 25일자(1428년 8월 6일자) 《세종실록》에는 황희가
모친상 중에 예법을 위반한 이야기가 나온다. 이 일로 인해 황희는
비판의 대상이 되었다. 세종은 황희가 물러나지 않기를 희망했지
만, 비판을 견디지 못한 황희는 결국 좌의정에서 물러나고 말았다.
이러한 사실을 소개한 뒤에 《세종실록》은 황희의 부정부패를 노골
적으로 고발했다. 황희가 물러났다는 '앞부분'은 세종 당시의 사관
이 기록한 내용이고, 황희가 부정부패를 저질렀다는 '뒷부분'은 세
종과 황희가 모두 세상을 떠난 뒤에 《세종실록》을 편찬하는 과정에
서 추가된 내용이다.

《세종실록》을 편찬할 때, 사관들 사이에서는 황희의 행적에 관한
논란이 많았다. 일부 사관들이 황희의 비행을 폭로하자, 나머지 사
관들은 "처음 들어본 이야기다.", "설마 그랬겠느냐?"며 믿지 못하
는 분위기였다가 결국 황희의 부정부패를 기록하는 쪽으로 결론이
났다. 그렇게 해서 《세종실록》에 그 '뒷부분'이 추가된 것이다.

그 '뒷부분'에 따르면, 황희의 별명은 '청백리 재상'이 아니라 '황
금 대사헌'이었다고 한다. 대사헌은 지금의 검찰총장과 비슷한 지
위다. 요즘 말로 하면 '황금 검찰총장'이라 불린 것이다. 그는 분명
유능한 신하였지만 그가 그렇게 불린 것은 황금처럼 빛나게 직무를

수행했기 때문이 아니다.

《세종실록》에서는 황희를 두고 다음과 같이 기록하고 있다.

> "김익정(金益精, 미상~1436)에 이어 대사헌이 되었다. 둘 다 승려인 설우(雪友)로부터 금을 받았다. 그때, 사람들은 그들을 '황금 대사헌'이라 불렀다."

전·현직 대사헌인 김익정과 황희가 설우라는 승려로부터 금을 뇌물로 받았다는 것이다. 황희의 별명에 '황금'이 붙은 것은 바로 그 때문이다. 공정성을 유지해야 할 대사헌이 승려로부터 황금을 뇌물로 받았기에 그런 별명이 붙은 것이다. 물론 이 별명은 아는 사람들 사이에서만 회자됐다. 일반 백성들은 그런 사실을 잘 몰랐다.

황희의 비리는 이뿐만이 아니었다. 《세종실록》에서는 그가 "정무를 담당한 여러 해 동안에 매관매직하고 형옥을 팔았다."고 말한다. '형옥(刑獄)을 팔았다'는 것은 형사사건 당사자로부터 뇌물을 받고 재판에 개입했다는 뜻이다. 이러한 행위를 통해서도 그는 재산을 축적했다. 황희가 집에서 멍석을 깔고 있었고 누런 보리밥과 된장과 고추로 끼니를 때웠다는 설화를 무색케 하는 대목이다.

오늘날 국무총리나 장관의 인사청문회가 열릴 때마다 "재산 형성 과정이 불투명하다."는 이야기가 나오는 경우가 많다. 부모에

황희 선생 유적지 내 사당 내부 모습. 경기도 파주시 문산읍 소재.

게 물려받은 재산이나 자신이 평생 벌어들인 월급에 비해 너무 많은 부동산이나 현금을 보유한 경우에 그런 말이 나온다. 공무원 봉급으로 아파트 한 채도 살까 말까인데, 자기 가족이 사는 주택 외에 몇 십 억짜리 고급 주택을 따로 보유하고 있다면 그런 말이 나올 수밖에 없다. 황희도 그런 의혹을 받았다.

황희 이전과 이후도 마찬가지이지만, 황희의 시대는 노비가 재산으로 취급되던 때였다. 노비를 두면 저렴한 비용으로 평생 일을 시킬 수 있었다. 이러한 노비들을 동원해서 농토를 경작했으므로, 노비를 둔다는 것은 아주 저렴한 월급으로 직원을 두는 것과 같은 것이다. 황희는 "어떻게 저렇게 많은 노비를 거느릴 수 있을까?"라는 의혹을 받았다.

위 날짜의 《세종실록》에 따르면, 그가 아버지 및 장인에게 물려받은 노비는 얼마 되지 않은데 비해, 관료가 된 이후에 보유한 노비가 많아도 너무 많았다. 그래서 의혹을 받지 않을 수 없었던 것이다. 노비 소유가 문제가 된 1428년 당시, 황희는 44년째 근무한 베테랑 관료였다. 장기 근무자가 많은 노비를 보유하는 것은 별로 이상한 일이 아니었다. 그런데 황희는 44년간 받은 수입을 감안해도 너무 많은 노비를 거느리고 있었기에 의혹을 받지 않을 수 없었던 것이다.

조선시대에는 1천이나 2천 명 정도의 노비를 보유하면 '노비가 꽤 많다'는 말을 들었다. 황희가 보유한 노비 숫자를 확인할 길은 없지만, 몇 십 명을 거느리는 수준에 그쳤다면 근무 연수에 비해 노비가 너무 많다는 의혹을 사지 않았을 것이다.

황희는 물질적 비리뿐만 아니라 또 다른 형태의 비리도 범했다. 1400년 제2차 왕자의 난 때 이방원에게 맞섰던 박포(朴苞, ?~1400)란 사람이 있는데 위 날짜의 《세종실록》에 그의 아내가 등장한다. 박포의 아내는 황희의 노비와 부적절한 관계를 맺었다. 황희의 수노(首奴, 우두머리 노비)가 이 사실을 알게 되자, 박포의 아내는 사실을 은폐할 목적으로 수노를 죽여 연못에 버렸다. 여러 날 뒤 시신이 발견되고 범인도 밝혀졌다.

박포의 아내는 어디론가 숨어야 했고 가장 확실한 은신처를 발견했다. 사법당국은 물론이고 황희의 노비들까지 자신을 추적하는 상황에서 가장 안전한 곳은 '등잔불 밑'이었다. 바로 황희의 집이었다. 황희의 자택 정원에 토굴이 있었다. 박포의 아내는 토굴에 숨기로 결심했다. 범인이 설마 황희의 집에 숨었으리라고는 누구도 생각할 수 없었을 것이다. 이 여인은 이곳에서 수년간 숨어 지내다가 사법당국의 수사가 종결된 뒤에야 다른 곳으로 떠났다.

박포의 아내가 무사했던 것은 그가 대담해서일까? 배포가 커서일까? 그렇게 말하는 것은 성급한 행동이다. 배포가 대단한 사람은 따로 있었다. 바로 범인을 자신의 집에 숨겨준 황희였다. 차라리 황희가 대담하고 배포가 컸다고 말해야 맞다. 그런데 황희는 그저 동정하는 마음으로 숨겨준 게 아니었다. 탐욕이 깃든 마음으로 그렇게 했다. 숨겨주는 조건으로 토굴에서 부적절한 관계를 맺었다. 그것도 수년간이나!

이쯤 되면 의문이 들 수도 있다. "그렇게 지저분하게 산 사람이 어떻게 청백리의 명성을 얻을 수 있었을까?"라고 말이다. 《세종실록》이 대답을 해준다. 그가 이미지 관리를 잘했기 때문이라고.

> 그는 사람들과 함께 사안을 의논하거나 자문에 응할 때에 언사가 온화하고 단아하며 사리에 어긋남이 없었기 때문에 임금(세종대왕)에게 중후하게 보였다.

황희의 실체가 살아생전에 잘 알려지지 않은 데는 몇 가지 이유가 더 있다. 생전에도 비위 사실이 문제가 된 적이 많았지만, 세종의 최측근이었기에 웬만한 공격이나 비판에는 끄떡없었던 것이다. 황희는 태종 이방원이 죽기 전에 그에게서 "내 아들을 부탁한다."는 당부를 받았다. 그런 황희였기에 세종도 가벼이 대할 수 없었던 것이다. 그래서 황희는 부정부패에도 불구하고 관직을 오랫동안 지킬 수 있었다.

세종은 황희를 오랫동안 곁에 두었다. 황희가 청백리라는 소문은 세종 시대에 난 것이다. 하지만 그 당시에도 일부 사람들 사이에서는 황희의 어두운 측면이 회자되고 있었다. 세종도 얼마든지 황희의 실상을 눈치챘을 가능성이 있다. 좀 전에 인용한 《세종실록》에서는 황희가 임금을 속여 임금에게 중후하게 보였다고 했지만, 신하들 눈에 그렇게 보였을 뿐이고 세종의 눈에는 다르게 보였을 수도 있다. 즉, 세종이 조금만 더 신경을 썼다면 황희의 실상을 밝히고 처벌할 수도 있었을 것이다.

하지만 세종은 황희의 실상을 깊이 파고들지 않았다. 만약 세종이 황희의 실상을 어느 정도 알고도 그렇게 했다면, 이것은 도덕성보다는 능력을 우선시하는 세종의 스타일을 반영하는 것이라고 볼 수 있다. 그렇게 해도 될 만큼 황희에게 뛰어난 능력이 있었기 때문이다. 주군의 입장에서 볼 때, 황희한테는 적어도 세 가지 매력이 있었다.

첫째, 성격이 원만했다. 문종 2년 2월 8일자(1452년 2월 28일자) 《문종실록》에 수록된 〈황희 졸기〉에 따르면, 황희는 '간사한 사람'이라느니 '뇌물을 받는 사람'이라느니 하는 비판을 받긴 했지만, 성격이 원만한 덕분에 '어진 재상'이라는 평판을 받을 수 있었다. '간

황희가 근무했던 사헌부의 터. 광화문광장 서쪽의 세종로공원 안에 사헌부 터를 알리는 표지가 있다.

사하다느니 뇌물을 받는다느니 하는 평판을 받으면서 어떻게 어질다는 평판까지 받을 수 있지?'라고 의아할 수도 있지만, '간사함'과 '뇌물을 받음'이 '어짊'과 병존할 수 없는 것은 아니다. 간사하다는 것은 뒤집어보면 성격이 부드럽다는 것이 될 수도 있다. 강직해서 딱딱한 사람은 뇌물을 잘 받지 않을 뿐만 아니라 남들에게 어질다는 평판도 얻기 어려울 수 있다.

둘째, 비밀을 잘 지키고 업무를 잘 처리했다. 상관이 중시하는 부하의 덕목인 '무거운 입'이나 '유능함'을 갖고 있었던 것이다. 〈황희 졸기〉에 따르면, 그는 비밀 유지와 관련하여 태종에게도 높은 신뢰를 받았다. 그래서 그는 기밀 사무를 담당하면서 거의 매일같이 태종을 만났다. 태종이 황희에게 "이 일은 나와 경만이 아는 일이니, 만약 누설된다면 경 아니면 내가 한 일이 되는 것이다."라고 말한 적이 있을 정도로, 황희는 왕이 믿고 비밀을 공유할 수 있는 사람이었다.

셋째, 미시적 판세를 잘 분석했다. 황희는 고려가 망하고 조선이 세워지던 과도기에 조선왕조를 거부했다가 뒤늦게 신왕조에 가담한 인물이다. 그만큼 거시적인 판세 분석에는 약했다. 그러나 미시적 판세만큼은 잘 파악했다. 단기간에 진행되는 사태의 흐름과 배후를 잘 가늠한 것이다. 이 점은 태종 이방원의 입을 통해서 훌륭하게 증명된다.

태종이 왕이 된 지 8년 뒤인 1408년에 모반 사건이 발생하자, 태종은 대책 논의를 위해 황희를 급히 불러들었다. 〈황희 졸기〉에 따르면 "변고가 났으니 급히 대응하라."는 태종의 지시를 받은 황희가 "누가 주모자입니까?"라고 묻자, 태종은 "조용(趙庸)이다."라고 답했다. 그러자 황희는 "조용의 사람됨을 볼 때, 아버지와 임금을 시해하는 일은 못할 사람입니다."라고 말한 뒤 조용 대신 목인해를 주모자로 지목했다. 나중에 진상을 파악해보니, 정말로 목인해가 주범이었다. 그때 태종도 감탄하고 조용 본인도 감탄했다고 〈황희 졸기〉는 전하고 있다.

위와 같이 황희는 국정 최고 책임자의 구미를 당길 만한 능력이 있었다. 이러한 능력이 있었기 때문에 세종이 황희의 청렴성에 신경 쓰지 않고 그를 오랫동안 중용했을 것이라고 짐작할 수 있다. 이를 통해 도덕성보다는 능력을 우선시한 세종 이도의 용인술을 엿볼 수 있다.

황희를 다루는 태도는 한편으로는 양반 사대부 세력에 대한 세종의 접근법을 보여준다. 되도록 사대부 세력을 자극하지 않고 자신의 수하에 두고자 했던 세종의 실용주의적 태도를 엿볼 수 있다.

결점 많은 맹사성을
끌어안다

충신불사이군(忠臣不事二君, 충신은 두 임금을 섬기지 않음)이란 말이 있다. 이를 위반한 사람은 예나 지금이나 '변절자'라며 사회적 지탄을 받는다. 왕조나 국적을 바꾸는 사람들, 정당을 바꾸는 사람들, 회사를 바꾸는 사람들 중에 이러한 비난을 받는 이들이 적지 않다. 되도록 이러한 상황에 빠지지 않는 게 좋겠지만, 세상을 살다 보면 어쩔 수 없이 두 주인을 섬기게 되는 경우가 있다. 누구나 변절자 소리를 들을 확률을 안고 세상을 살게 된다.

변절자의 말로가 모두 어두운 것만은 아니다. 두 왕조를 섬긴 변절자라는 비난을 들으면서도 후세의 존경을 받는 사람들이 적지 않

다. 세종 이도의 또 다른 참모인 맹사성(孟思誠, 1360~1438)이 바로
그런 사례에 해당한다.

맹사성은 고려 멸망 32년 전인 1360년 충청도 온양에서 태어났다.
다섯 살 때부터 천자문을 줄줄 외울 정도로 천재였다. 스물일곱 살
때인 1386년에는 과거시험에 합격하여 조정에 출사했다. 하지만 그
해는 고려 멸망 6년 전이었고 맹사성은 고려시대에 별다른 두각을
보이지 못했다.

맹사성의 진짜 이력은 조선 건국과 더불어 시작되었다. 건국 후
수원 판관, 즉 지금의 수원시청 국장급에 임명되었다. 이어서 한성
부윤·대사헌·예조판서·호조판서·공조판서·이조판서·좌의정 등을
거치며 태종과 세종을 보필했다.

태종이 세종에게 왕위를 물려주면서 추천한 두 명의 신하가 있
다. 이 사람은 꼭 써야 한다며 추천해준 두 인물이 바로 맹사성과
황희였다. 그 정도로 맹사성에 대한 태종의 신임이 대단했다. 세종
은 그런 태종 이상으로 맹사성을 신뢰했다. 맹사성이 퇴임한 후에
도 중요 사안에 관해서는 반드시 맹사성의 의견을 들었을 정도로
그를 향한 세종의 신임은 대단했다.

그런데 맹사성은 변절자였다. 그의 가문을 보면 이 점이 드러난다. 맹사성은 이성계의 정적인 최영의 손녀사위다. 아버지 맹희도(孟希道)는 조선 건국의 적인 정몽주와 절친했다. 맹사성도 정몽주와 각별했다. 최영·정몽주와 가까웠던 맹 씨 집안은 조선왕조를 거부할 수밖에 없었다. 맹사성의 할아버지인 맹유(孟裕)는 조선 건국 뒤에 경기도 개평군 광덕산 기슭의 두문동에서 칩거하다가 세상을 떠났다. 두문불출(杜門不出)이란 말의 기원이 된 바로 그 두문동에 들어간 것이다. 아버지 맹희도 역시 그곳에 들어갔다가 나중에 충청도 서천으로 피신했다. 두문동에 들어간다는 것은 조선왕조를 거부하는 상징적인 행동이었다.

할아버지와 아버지가 조선을 거부했으니, 맹사성 역시 그렇게 하는 게 마땅했다. 그런데 그는 오히려 조선왕조의 핵심 인재가 됐다. 아버지 맹희도의 권유 때문이었다. "너만큼은 출세해서 가문을 일으키거라."라는 아버지의 말씀에 따라 맹사성은 조선왕조를 받아들였고, 그 속에서 새롭게 출세의 길을 걸었다.

이러한 내력을 보면, 맹사성이 얼마나 눈치를 많이 봤을지, 얼마나 조심스럽게 인생을 살았을지 가늠할 수 있다. 자칫하면 지나친 줄서기, 지나친 아부로 인생을 그르칠 수도 있었지만 그는 오히려 성공적으로 인생을 마쳤다. 변절자 낙인이 찍히기 쉬운데도 도리어 역사가 칭송하는 삶을 산 것이다. 여기에는 그만의 노하우가 있었다. 그것은 바로 법과 원칙에서 이탈하지 않고 비정치적 노선을 견지하는 것이었다.

맹사성이 대사헌, 즉 검찰총장이었을 때다. 1408년에 이른바 '목인해 사건'이 발생했다. 목인해는 앞에서 짤막하게 언급된 인물이다. 이 사건은 태종의 측근인 목인해가 공을 세울 욕심에 태종의 사위인 조대림에게 역모를 부추긴 뒤 그를 고발한 사건이다. 태종은 나이 스물하나밖에 안 되는 조대림이 순전히 목인해의 꼬임에 빠졌으므로 혐의를 인정할 수 없다는 입장을 취했다. 아무래도 자기 사위이다 보니 그렇게 감쌀 수밖에 없었으리라.

하지만 맹사성은 원칙을 고집했다. 관행에 따라 조대림을 고문하고 수사했다. 왕의 사위를 고문한 것이다. 태종은 사건을 빨리 덮고자 목인해를 참형하려 했고, 맹사성은 조대림에 대한 수사가 끝날 때까지는 참형을 집행할 수 없다며 맞섰다. 하지만 맹사성은 태종을 꺾지 못했다. 결국 목인해는 참형을 받고, 조대림은 무혐의 처리되었다.

이 일로 맹사성에게도 불똥이 튀었다. 왕실을 능멸했다는 이유로 사형선고를 받았다. 그러다가 감형을 받아 곤장 100대를 맞고 충청도로 유배되는 선에서 마무리되었다. 법과 원칙에 대한 맹사성의 자세를 보여주는 이 사건은 그가 도리어 태종의 신임을 받는 계기가 되었다. 태종은 얼마 안 있어 맹사성을 복귀시키고 그를 위로

하는 연회까지 열어주었다.

청렴결백한 맹사성의 성품 덕분에 그는 성공할 수 있었다. 그렇게 살지 않았다면 "변절자라서 할 수 없구나."라는 조롱을 들었을 것이다. 자신이 살아온 인생이 스스로도 만족스러웠는지, 맹사성은 늙어 은퇴한 뒤에 '강호사시가'라는 유명한 시조로 자신의 여유로운 마음을 노래했다.

강호에 가을이 찾아오니
고기마다 살이 붙어가는구나
작은 배에 그물을 실어 띄어놓고
이 몸이 이렇게 날을 보내는 것도
역시 임금의 은혜로구나

변절자로 인생을 마칠 수도 있었던 맹사성이 스스로가 보기에도 만족스러운 삶을 살 수 있었던 데에는 세종이란 군주의 역할도 적지 않게 작용했다. 맹사성은 원칙적이고 청렴결백해서 군주의 호감을 살 만했다. 세종은 이러한 맹사성을 알아주었다. 맹사성에게 호의를 베풀었을 뿐만 아니라 맹사성에게 자신을 맞추어주기까지

했다.

태종이 죽고 《태종실록》이 편찬된 뒤의 일이었다. 태종은 1422년에 죽고 《태종실록》은 1431년에 편찬되었다. 세종 이도는 《태종실록》을 열람하고 싶어 했다. 세종 13년 3월 20일자(1431년 5월 1일자) 《세종실록》에 따르면, 맹사성은 다음과 같이 직언하며 반대했다.

"만일 전하께서 이것을 보신다면 후세의 군주가 반드시 이를 본받아 실록을 고치려 할 것이고, 사관도 군왕이 볼 것을 염려하여 사실을 있는 그대로 기록하지 않을 것이니 어찌 후세에 진실을 전할 수 있겠습니까?"

읽을 생각을 말라는 것이었다. 직전 임금의 실록은 열람하지 않는 게 원칙이었다. 그래야만 사관들이 공정하게 실록을 편찬할 수 있었다. 세종이 그런 관행을 어기고 실록을 보려고 했다가 맹사성의 반대에 부딪힌 것이다.

이때는 세종이 왕이 된 지 13년 뒤였다. 친정에 착수한 때를 기준으로 해도 9년이나 지난 뒤였다. 이도의 나이도 35세였다. 상왕이 된 태종이 "주상이 장년이 될 때까지는 군사권을 내가 행사하겠다."고 말했을 때의 그 '장년'이 된 지 5년이나 흐른 뒤였다. 맹사성이 군주보다 37세나 많기는 했지만, 왕이 된 지 13년이나 지난 30대중반의 군주라면 얼마든지 그를 호령할 수 있었다. 하지만 세종은 맹사성의 말을 듣고 열람을 포기했다.

세종은 왕권과 신권의 대결에서, 처음에는 아버지의 뜻에 따라 왕권 강화를 추구하다가 나중에는 아버지의 뜻을 저버리고 신권 우위를 인정했다. 그러면서 황희 같은 인물과 관련해서는 상대방의 허물을 굳이 알려 하지 않는 방법으로, 맹사성 같은 인물과 관련해서는 상대방의 기를 꺾지 않는 방법으로 신하들의 능력을 최대한 끌어내고자 노력했다. 신하들을 꺾지 않으면서도 그들을 자기 마음대로 부릴 수 있는, 자기 나름의 접근법을 구사했다.

하지만 이러한 태도가 결과적으로 역사에 부정적 영향을 미친 측면도 있다. 왕권 우위를 포기하고 신권 우위를 인정한 세종의 태도는 기득권층의 입지를 굳혀주었고, 결과적으로 기득권층이 일반 백성들을 한층 더 안정적으로 착취하도록 하는 데 기여했다. 물론 세종이 이러한 결과를 의도한 것은 아니지만, 결과적으로 보면 신권 우위를 인정한 세종의 태도는 조선 역사, 나아가 한민족의 역사에도 부정적 영향을 끼친 측면이 있다. 이 점에 관해 좀 더 구체적으로 이야기해보겠다.

황희 신화와
사대부 세력의 기득권

 황희는 분명히 청백리와는 거리가 먼 인물이었다. 실록에 기록될 만큼 그의 부정적 측면들이 세상에 알려졌는데도 현대인의 뇌리에 그는 대표적인 청백리로 인식되어 있다. 이것은 양반 사대부들이 황희에 관한 부정적 정보는 수용하지 않고 긍정적 정보만 선택적으로 받아들인 결과라고 볼 수 있다. 양반 사대부들이 황희의 좋은 모습만 계속해서 구전한 것이다.

양반 지식인들이 황희의 청백리 신화를 창조하고 전파한 이유와 관련하여, 조선과 명나라의 정치 상황이 상호 연동적이었다는 점을 고려할 필요가 있다.

오늘날 한국과 미국의 정치·경제가 상호 관련성을 보이는 것처럼, 15~16세기의 조선과 명나라 사이에서도 그러한 연동성을 찾을 수 있다. 특히 조선 초기는 역대 한중 관계 중에서 사대주의가 가장 강했던 시기다. 오늘날 한국의 주식시장이 미국 주식시장에 민감하게 반응하듯이, 조선의 정치 상황도 명나라의 정치 상황에 예민하게 반응했다.

명나라의 정치 상황 중에서 조선에 영향을 미칠 만한 것 하나가 신권 약화다. 명나라 역사서인 《명사(明史)》의 〈태조본기〉에 따르면, 조선 건국 10년 전인 1382년에 명나라에서는 재상직을 폐지하고 전각대학사(殿閣大學士)를 설치했다. 대학사는 황제의 자문 기관에 불과했다. 명나라 태조 주원장은 재상 호유용(胡惟庸)의 반란 사건을 명분으로 재상직을 폐지했다. 이것은 관료 집단에 대한 견제의 의미를 갖는 것이었다. 황제 독재 체제의 강화를 겨냥한 포석이었던 것이다.

이것은 조선에도 민감한 사안이었다. 신권, 즉 기득권 양반들의 이익을 대표하는 자리가 바로 재상직이었다. 그래서 명나라의 영향을 받아 조선에서도 재상직이 폐지되면, 양반 관료 집단의 이익이 침해될 수밖에 없었다. 조선은 1398년 이방원의 쿠데타를 계기로 명나라와의 동맹을 강화했기에, 명나라의 정치구조가 조선에 영향을 미칠 공산이 한층 더 농후한 상황이었다.

이러한 상황에서 양반 관료 집단이 선택할 수 있는 최선책은 재상직을 사수하는 것이었다. 재상직을 사수하자면, 비교적 청렴하고 자기 세력이 없는 재상을 영웅으로 만들 필요가 있었다. 훌륭한 재상이 여럿 있으며 그런 재상들이 나라에 도움이 된다는 것을 보여줄 필요가 있었던 것이다. 그래야만 재상직 존폐를 둘러싼 논란이 최소화되고, 재상직에 대한 군주의 견제가 완화되며 재상이 된 동료 관료의 권력 독점을 방지하는 다중의 효과를 거둘 수 있었기 때문이다.

명나라에서 재상직을 폐지한 직후인 15세기 초반 이후로 조선에서 황희 신화가 퍼진 데에는 이러한 정치적 배경이 있었다. 조선과 명나라의 정치 상황이 상호 연동하던 터라, 명나라의 재상직 폐지가 조선의 재상직 폐지로 연결될 가능성이 높았다. 이러한 신권 위기 상황에서 양반 관료 집단은 황희라는 인물을 내세우는 '지혜'를 발휘함으로써 재상직을 지켜낼 수 있었다. 이러한 재상이 국정을 주도해야 나라가 잘 굴러갈 것이라는 논리를 세우면서 말이다.

실록에서 황희의 부정부패를 다룰 정도로 황희의 청렴성에 대한 논란이 있었는데도, 양반 관료 집단이 황희 신화를 확대, 재생산한 것은 실은 황희를 위해서가 아니라 기득권을 지켜내기 위한 고육지

책(苦肉之策)이었다고 볼 수 있다. 황희가 죽은 뒤에도 양반 관료 집단은 '청백리 황희' 신화를 통해 왕권을 견제하고 신권을 지켜낼 수 있었다. 조선 왕조 500년 동안 양반 기득권 세력이 왕권을 능가할 수 있었던 데에는 황희 신화도 일정한 역할을 하였다고 볼 수 있다.

황희 신화가 퍼지게 된 것은 무엇보다 양반 사대부들의 욕구 때문이었지만, 이것이 형성된 데에는 세종의 역할도 적지 않게 작용했다. 세종이 황희를 오랫동안 기용하고 그의 부정부패에 관심을 기울이지 않은 탓에, 황희는 파렴치한 불법 행각에도 불구하고 청백리 신화를 유지할 수 있었다. 왕권과 신권의 대결 구도에 버거움을 느끼고 아버지의 노선을 수정한 세종 이도는 이렇게 양반 사대부들의 이익을 적당히 배려해주는 태도를 보임으로써 신권과의 갈등을 어느 정도 줄일 수 있었다.

나처럼 불행한 왕이 또 나오지 않기를

단종의 불행,
그 불씨를 만들다

이도는 아버지 이방원이 후계 문제 때문에 고심하는 것을 오랫동안 지켜봤다. 이방원 입장에서 볼 때, 셋째 아들 충녕대군은 최선의 후계자는 아니었다. 최선의 후계자는 양녕대군의 장남 지위와 충녕대군의 됨됨이를 가진 인물이었다. 이방원은 두 모습을 모두 갖춘 후계자를 얻지 못했다. 그는 처음에 장남 지위를 가진 세자를 선택했다가 14년 만에 철회했다. 그의 최종 선택은 장남 지위는 없지만 됨됨이가 좋은 후계자였다. 이방원의 입장에서는 '절반의 후계자'를 얻은 셈이었다.

조선시대 역대 군주 중에서 가장 확실한 정통성을 갖춘 사람은 뜻밖에도 연산군이다. 그는 후궁이나 무수리가 아닌 왕비의 몸에서

연산군 부부가 묻힌 연산군묘. 서울시 도봉구 방학동 소재.

태어난 왕자였다. 어려서부터 예비 후계자로 지정된 원자 출신 왕
자였다. 그는 원자를 거쳐 왕세자가 되었고, 왕세자가 된 뒤 다년간
후계자 수업을 받았다. 왕세자 신분으로 관례와 혼례를 치르고 성
인이 되었으며, 형이나 조카를 계승하지 않고, 자기 아버지를 직접
계승했다. 아버지가 두 눈 뜨고 살아있을 때 왕이 된 사람이 아니
라, 아버지의 죽음이라는 과정을 거쳐 왕이 된 사람이었다.

아버지가 살아있을 때 왕이 된 사람은 어딘가 문제가 있을 수밖
에 없었다. 아버지를 몰아내고 왕이 된 경우라면 정통성 시비를 겪
게 되고, 아버지를 섭정으로 둔 경우라면 아버지의 정치적 간섭을

받는 탓에 임금의 위상이 약할 수밖에 없었다. 즉, 아버지가 승하한 후 계승해서 왕이 되는 것은 정통적인 군주가 되는 데 필요한 결정적 요건이라 할 수 있다. 연산군은 그런 요건을 충족했다.

왕비의 몸에서 태어나 원자 및 세자를 거쳐 다년간 후계자 수업을 받은 뒤 아버지의 죽음을 계기로 군주가 된 사람이 가장 이상적이고 정통적인 군주였다. 이 정도의 자격을 갖추고 왕이 된 인물을 조선시대에서 찾기란 결코 쉽지 않다. 조선시대 왕들을 일일이 따져 보아도 연산군처럼 완벽하게 자격을 구비한 이는 없을 것이다. 연산군은 '군주의 자격'을 정말로 훌륭하게 갖춘 왕이었다.

우리가 잘 아는 왕들 중에는 연산군과 달리 정통성이 취약한 이들이 적지 않다. 예컨대, 태종 이방원은 원자를 거치지 않았을 뿐만 아니라 아버지의 죽음이라는 계기로 왕이 된 것도 아니었다. 세조 수양대군은 아버지를 이은 것이 아니라 조카를 이어서 왕이 됐다. 세조는 뭔가가 잘못돼도 한참 잘못된 경우였다. 선조는 원자·세자를 거치지 않았을 뿐만 아니라 임금을 계승한 게 아니라 임금의 서자를 계승했다. 정조는 아버지 사도세자가 죽은 뒤에 큰아버지 효장세자의 양자로 입적됐다. 그는 형식상으로는 진종으로 추존된 효장세자를 계승했지만, 실제로는 죄인으로 뒤주에 갇혀 죽은 전직 왕세자의 아들이었다. 그는 실제로는 할아버지를 계승하면서도 형식적으로는 효장세자를 계승하는 형식을 취했다. 사도세자의 아들로 태어나 실제로는 영조를 계승하면서 형식적으로는 효장세자를 계승했으니, 정조처럼 복잡하고 미묘한 상황에 처한 군주도 없었다. 이러한 이유들 때문에 태종·세조·선조·정조 같은 임금들은 정통성 시비를 벗어날 수 없었다.

앞에서 최선의 후계자는 장남의 지위와 훌륭한 됨됨이를 가진 사람이라고 했다. 이 두 가지를 동시에 갖추기가 힘들다면, 그래서 어느 한쪽만 가져야 한다면, 됨됨이보다 장남 지위를 택하는 게 군주의 정통성을 갖추는 데 훨씬 더 유리했다. 이 세상에 능력 있는 사람은 수없이 많아도 임금의 장남인 사람은 딱 한 명이기 때문이다. 아무리 운전을 잘해도 운전면허가 없는 사람이 차를 끌고 나오는 것은 불법이지만, 운전면허는 있지만 운전을 잘 못하는 사람이 차를 끌고 나오는 것은 불법이 아니다. 마찬가지로 유능한 후계자보다는 조건을 갖춘 이가 왕위 계승에서 훨씬 더 유리할 수밖에 없었다.

세종 이도의 경우에도 별반 다르지 않았다. 이도는 왕의 장남이 아니었다. 셋째 아들이었다. 처음부터 세자도 아니었다. 14년씩이나 세자 역할을 한 형을 제치고 세자에 올랐다. 세자 수업도 제대로 받지 못한 채 세자가 되자마자 임금에 올랐다. 또 그는 전직 세자가 살아있는 상태에서, 상왕인 아버지마저 살아있는 상태에서 군주 역할을 해야 했다.

세종 이도는 처음부터 정통성 문제를 안고 군주 역할을 할 수밖에 없었다. 그가 그렇게 열심히 나라를 통치한 데에는 이와 같은 콤플렉스에서 벗어나고픈 욕망도 적지 않게 작용했을 것이다. 정통성이 완벽한 연산군은 긴장감을 잃고 방심하다가 쿠데타를 당했고, 태종·세조·선조·정조 같은 이들은 왕권을 지키는 데 힘썼거나 나라를 잘 통치하는 데 몰두했다. 정통성이 완벽하면 그만큼 방심하게 되고 정통성이 약하면 그만큼 분투하게 될 가능성이 있다. 역사를 보면 정통성 문제가 군주의 의식에 얼마나 큰 영향을 미치는지를 알 수 있다. 정통성을 제대로 갖추고 왕이 되는 것이 얼마나 편한 일인지를 짐작할 수 있다. 세종 이도는 그런 행운을 누리지 못한 채 왕이 되었다. 그런 면에서 그는 불행한 군주였다.

세종은 자신의 불행이 차기 주상에게 전달되는 게 싫었다. 그는 이러한 걱정에 얽매어 살았다. 그가 걱정을 놓을 수 없도록 만든 것은 장남인 세자 이향(훗날의 문종)의 건강 문제였다. 세자 이향은 1421년에 세자에 책봉됐다. 이때 이향은 여덟 살이고, 세종은 스물다섯 살이었다. 태종이 상왕이던 시절에 이향을 후계자로 책봉했으니, 세종은 꽤 일찌감치 후계 구도를 마무리한 셈이다.

세종은 세자 이향의 차기 대권 구도를 조기에 정착시키려는 구상을 갖고 있었다. 이향이 세자가 된 지 16년 뒤인 1437년에 세종은 그에게 대리청정을 맡기려 했다. 이때 세종은 마흔한 살이었다. 세종의 건강이 좋지는 않았지만, 대리청정을 맡기기에는 좀 빠르다 싶은 시점이었다. 하지만 1437년에는 대리청정을 실현시키지 못했다. 신하들의 반대가 거셌기 때문이다. 세종은 포기하지 않았다. 결국 8년 뒤인 1445년에 대리청정을 실현시켰다. 세자 이향의 대리청정은 이로부터 5년간 계속되었다. 세종이 죽는 해까지 이향이 국정을 맡은 것이다.

이향, 즉 문종은 세종을 많이 닮은 왕자였다. 문(文)이라는 묘호에서도 짐작할 수 있듯이 그는 상당히 학구적인 군주였다. 고대 중국에서 편찬된 《일주서(逸周書)》의 〈시호법〉편에 따르면, 시호 '文'의 특성 중 하나는 '배우기를 열심히 하고 질문하기를 좋아하는 것'이었다. 이러한 왕들에게 '文'이란 시호가 붙여진 것이다. 책에 푹 빠져 몸이 비만이 된 세종처럼, 문종도 오로지 책에 빠져 사는 공부벌레였다.

학문을 즐기는 것 자체만 놓고 보면, 문종은 사대부 신하들이 생각하는 이상적인 군주였다. 세종도 그 점을 마음에 들어 했겠지만, 동시에 아버지 태종이 자신을 보면서 품던 불안의 이유도 인지했을 것이다. 지나치게 학구적인 군주가 냉혹한 권력의 세계에서 얼마나 경쟁력이 떨어지는지를 누구보다 잘 알았으리라. 세종에게도 그런 위험성이 있었기에, 태종이 일찌감치 왕위를 물려주고 4년간 상왕 역할을 했던 것이다.

세종은 비록 양위는 하지만 못했지만, 대리청정 기회라도 줌으로써 자신이 보는 앞에서 세자 이향이 군주 수업을 받는 모습을 보고 싶었던 모양이다. 하지만 대리청정이 실현된 때는 이미 세종의 건강이 악화될 대로 약화된 뒤였다. 그래서 세종은 자신이 아버지 태종처럼 아들을 챙겨주지 못하는 것이 미안했을 것이다.

장남에 대한 세종의 염려에는 좀 지나친 면이 있었다. 지나친 나머지 실책이 발생되고 말았다. 장남을 위한다고 벌인 일이 결과적으로는 왕실을 위태롭게 만드는 결과를 초래한 것이다.

세종은 일찌감치 세자 이외의 왕자들에게도 국정에 참여할 기회를 주었다. 훈민정음 번역이나 무기 제작 또는 과학기구 개발 같은 개별 업무의 감독을 왕자들에게 맡긴 것이다. 이 때문에 수양대군과 안평대군을 비롯한 왕자들이 세종 재위 당시에 국정을 도울 기회를 가졌다.

세자 이향이 대리청정을 맡은 뒤로, 왕자들의 국정 참여 기회는 한층 더 많아졌다. 이때부터 세종이 수양대군과 안평대군을 통해 왕명을 전달하는 일이 많아졌기 때문이다. 여기에는 왕자들의 능력을 활용한다는 취지도 있었지만, 무엇보다 왕자들이 큰형인 세자 이향을 돕는 데 익숙해지도록 만든다는 의도도 깔려 있었다. 문약한 장남이 동생들의 도움을 받아서라도 강력한 군주가 되기를 바란 것이다. 태종 이방원이 세자 이향의 외가, 즉 세종 이도의 처가를 박살낸 상태였기 때문에, 세자 이향은 다른 임금들처럼 외가의 도움을 받기도 힘들었다. 그래서 세종은 동생들이 세자 이향을 도와주기를 바란 듯하다.

그러나 이 같은 세종의 안배는 결과적으로 수양대군과 안평대군의 세력을 확대시켜주는 결과를 초래했다. 두 대군은 세종이 죽고 문종도 죽은 뒤에 본격적인 권력투쟁에 나섰다. 결국 이 두 사람의 경쟁은 수양대군의 쿠데타인 계유정난으로 종결되었고, 그 여파로 문종의 아들인 단종이 실권을 잃고 비극적인 최후를 맞이하고 말았다. 세종이 죽은 지 불과 3년 만에 단종이 실권을 잃었으니, 세종이 구상한 후계 구도가 너무 일찍 붕괴된 셈이다.

장남을 돕는다고 벌인 일이 결과적으로 왕자들의 영향력만 강화시켜 놓고 말았다는 점은, 수양대군이 권력을 잡은 지 약 200년이 지난 뒤에 나온 소설 《운영전》에도 반영되어 있다. 《운영전》은 안평대군 사저에서 근무하던 운영이라는 궁녀의 비참한 최후를 다룬 작품이다. 궁녀는 왕궁뿐만 아니라 왕족의 사저에서도 근무했다. 안평대군의 사저에는 수많은 인재가 몰려들었는데, 그중 김 진사라는 미소년 선비가 있었다. 운영은 김 진사와 가까워진다. 두 사람은

문종 부부 무덤인 현릉의 정자각. 경기도 구리시 동구동 동구릉 소재. 정자각은 제사를 지내는 정(丁)자 모양의 건물이다. 공중에서 보면 丁자 모양을 확인할 수 있다.

은밀한 사랑을 나누다가 비참한 최후를 맞이한다.

이러한 비참한 최후의 출발점은 세종의 조치였다. 왕자들의 국정 참여를 허용한 세종의 조치가 안평대군의 정치력을 강화시켰고 안평대군의 사저라는 소설 속 배경을 탄생시켰다. 수양대군이 승리한 지 200년이 지난 뒤에도 안평대군의 정치력을 반영하는 문학작품이 나왔다는 점은 안평대군이 그만큼 강력한 세력을 확보하고 있었음을 보여주는 것이다. 이렇게 왕자들이 강력한 세력을 갖게 된 일차적 원인은 세자 이향에 대한 세종의 과한 우려에 있었다.

어쩌면 세종 이도는 아들들도 자기처럼 인격자일 것이라고 착각했는지도 모른다. 충녕대군 이도에게 세자 자리를 빼앗긴 뒤에 양녕대군은 생명의 위협을 느끼며 살아야 했다. 정상적인 경우라면 양녕대군은 사약을 마실 수도 있었다. 그런 양녕대군이 세종보다 12년이나 더 오래 살 수 있었던 것은 거의 전적으로 세종 덕분이었다. 세종이 큰형을 지켜주지 않았다면, 양녕대군은 광해군의 친형인 임해군이나 이복동생인 영창대군처럼 되었을 수도 있다. 세종 이도는 왕자 시절에 큰형을 꾸짖을 때 보여준 애정을 자신이 왕이 된 뒤에도 잃지 않았다. 이도는 큰형을 끝까지 지켜주었다. 세종은 자기 아들들에게도 그런 형제애가 있을 줄 알았던 모양이다. 그래서 수양대군과 안평대군에게 기회를 주었던 것이 아닐까.

몸이 '종합병원'만
아니었다면

 세종은 많은 업적을 남겼다. 그만큼 부지런하고 성실
했으며 성과를 내기 위해 항상 애쓰는 군주였다. 그에
게는 이런저런 고뇌도 많았다. 그의 집권기까지도 조
선의 국가 시스템은 안정되지 못했다. 그래서 그도 아버지 태종처
럼 자신이 죽은 이후 남겨질 아들 이향을 항상 걱정했다. 게다가 세
자 이향은 몸마저 허약했다. 그러다 보니 세종은 항상 나라와 왕실
을 걱정해야 했고, 자신이 몸소 열심히 일하지 않으면 안 되었다.
세종 32년 2월 17일자(1450년 4월 9일자)《세종실록》은 그가 얼마나
열심히 살았는지를 보여준다.

(위) 서울시 종로구 광화문 세종대왕 동상 뒤의 6개의 기둥에는 세종대왕의 업적을 부조 형식으로 새겨 놓았다.
(아래 왼쪽) 〈집현전 학자도〉 부조. (아래 오른쪽) 〈주자소도〉 부조의 설명.

"손에서 책이 떠나지 않았다. 한번은 몇 개월간 몸이 편치 않았는데도 글 읽기를 그치지 않자, 근심하던 태종이 서적을 거둬서 감추라고 명령했다. 하지만 책 한 권이 남아 있었다. 그러자 날마다 (그 책) 외우기를 계속했다. 천성이 그러했다. 즉위한 뒤에는 매일같이 사경(四更, 새벽 1시)이면 옷을 입고, 날이 환하게 밝으면 조회를 받고, 그다음에 업무를 보고 윤대(輪對, 업무보고)를 받고 경연(세미나)에 나가기를 한 번도 게을리하지 않았다."

이렇게 일과 공부에만 빠져 살았다. 그러다 보니 운동량이 부족할 수밖에 없었다. 에너지 소비가 왕성한 스무 살 초반에도 비만을 걱정해야 했을 정도였다. 세종 이도가 젊어서 비만으로 고생했다는 이야기는 앞에서 설명한 바 있다. 처한 환경상 항상 고뇌할 수밖에 없는데 국정과 공부도 게을리하지 않았다. 책상에 앉아있는 시간이 많고 운동량이 부족했기 때문에 비만이 왔고 가히 종합병원이라고 해도 될 정도로 각종 질병에 시달렸다. 그래서 즉위 4년 뒤에는 몸이 극도로 수척해지고 쇠약해지는 허손병에 걸렸다고 한다. 비만이었던 청년이 정반대로 바뀔 정도로 육신이 병으로 시달렸던 것이다.

대표적인 질병은 당뇨병이었다. 당시에는 당뇨병을 소갈증이라고 불렀다. 《동의보감》〈잡병〉편에 따르면, 심장의 기운이 약해져서 열기를 제대로 발산하지 못하면 가슴이 답답해지고 입술이 붉어

《동의보감》. 서울시 양천구 가양동 허준 박물관 소재.

진다. 그러면 목이 말라 물을 많이 마시게 되고 적은 양의 소변을
자주 보게 된다.

국내 약품으로는 치료할 수 없었던지, 세종은 중국에서까지 약
품을 찾았다. 세종 21년 7월 4일자(1439년 8월 13일자)《세종실록》에
는 당시 마흔세 살인 세종이 "내가 소갈증 때문에 하루에 마시는 물
이 어찌 한 동이만 되겠는가?"라며 한탄하는 대목이 나온다. 세종
이 소갈증에 걸린 것은 20대 후반이었다. 하루에 2리터짜리 페트병
에 담긴 물만 다 먹어도 인체에 필요한 수분을 충족할 수 있다고 한
다. 그보다 더 많이 마시면 좋겠지만, 2리터도 마시기 힘들다. 그런

데 세종은 소갈증 때문에 어쩔 수 없이 하루에 한 동이 정도의 물을 마셔야 했다.

이뿐만이 아니었다. 세종은 한쪽 다리가 몹시 아파서 마음대로 걷지도 못했다. 등 부위에 혈액순환장애가 있어서 편하게 돌아눕지도 못했다. 마음대로 걷지도 못하고 마음대로 돌아눕지도 못하는 삶을 산 것이다. 이것으로 끝이 아니었다. 전립선에 문제가 있어서 소변을 보는 일에도 어려움을 겪었다. 또 안질 때문에 시력도 약해서 바로 앞에 있는 사람도 제대로 분간하지 못했다. 죽기 전에는 혀가 굳어 말도 제대로 하지 못했다.

그리고 무서울 때처럼 가슴이 항상 빨리 뛰었다고 한다. 그가 얼마나 노심초사하면서 살았는지 짐작할 수 있다. 우리가 아는 세종대왕은 열심히 나라를 돌보면서 한글도 창제하고 과학기구도 만들면서 아주 재미있게 열정적으로 살았을 것 같지만, 실제로 그는 일과 공부의 즐거움을 상쇄하고도 남을 정도의 정신적·신체적 고통에 시달리면서 살았다.

만성질병을 치료할 목적으로 세종은 내의원 의원들에게 몸을 맡겨보고 중국에서도 약을 알아봤다. 하지만 그런 것들로도 세종의 건강은 회복되지 않았다. 그는 무속에도 크게 의존했다. 옛날 무속인이나 승려는 지금과 달리 의사 역할도 겸하는 경우가 많았다.

오늘날 많은 이가 세종이 유교적인 이상 국가를 만들려 했다고

무신도, 무화, 무속화로도 불린다. 뚜렷한 형성 시기는 추정할 수 없으나 무신도의 역사는 깊고 오랜 것으로 짐작된다. 제주민속자연사박물관 소장.

서울시 종로구 와룡동 창덕궁에 있는 내의원 건물. 현판에는 '임금의 몸을 보살피고 임금의 약을 조절한다'는 의미의 '보호성궁(保護聖躬) 조화어약(調和御藥)'이란 문구가 적혀 있다.

생각하지만, 실제를 들여다보면 그는 유교보다는 무속에 훨씬 더 의존한 사람이었다. 사실, 조선 후기까지도 대부분의 사람이 한의사보다는 무속인에 더 의존했다. 제대로 양성된 한의사가 그리 많지 않았기 때문이다. 나라에 전염병이 퍼지면 의원뿐만 아니라 무녀들도 동원되어 전염병 확산 방지에 나섰다는 것을 조선왕조실록에서 엿볼 수 있다. 세종은 임금이기 때문에 한의사의 도움을 얼마든지 받을 수 있었지만, 한의사보다는 무속인을 훨씬 더 신뢰했다. 신하들은 세종의 이러한 면을 비판했지만, 세종은 그런 말만큼은 잘 듣지 않았다.

　세종은 몸의 고통을 안고 살면서도, 건강을 제대로 챙기지 못하고 오로지 일과 공부만 하면서 살았다. 이렇게 건강을 악화시킨 탓에 후계자 문제를 한층 더 걱정해야 했고, 그런 두려움으로 인해 수양대군과 안평대군에게 정치적 기회를 주고 말았다. 이 때문에 세종의 손자인 단종이 불행해졌으니, 세종의 건강 문제가 세종 자신뿐만 아니라 왕실 전체에도 불행을 안겨준 요인으로 작용한 셈이다. 그는 '다시는 나 같은 불행한 군주가 나와서는 안 된다'고 생각했겠지만, 그가 죽자마자 세종보다 훨씬 더 불행한 군주들인 문종·단종이 등장하고 말았다.

팍스 코리아나를
꿈꾸다

'팍스 시니카'의 틈새를 파고든 '팍스 코리아나'

세종 이도가 태어날 당시만 해도 조선은 반(反)중국을 지향하는 나라였다. 건국 5년 뒤인 1397년, 조선에서는 정도전의 주도하에 요동 정벌이 추진되었다. 이성계는 고려 멸망 4년 전인 1388년에 우왕과 최영의 명나라 정벌 명령을 거부하고 위화도에서 회군하여 쿠데타를 일으킨 바 있다. 이렇게 친(親)명나라를 표방하면서 정권을 잡은 이성계는 건국 후에는 정도전의 건의를 받아들여 명나라와의 전쟁을 준비했다. 그런데 이방원이 명나라의 지지 하에 정도전을 무너뜨리면서부터 조선은 친명 노선으로 급격히 선회했다. 이때부터 한민족은 사상 최고로 친(親)중국을 지향하는 국가가 되었다.

세종 이도는 이러한 상황 속에서 왕위에 올랐다. 그런데 왕위에 오른 세종 이도는 서서히 다른 마음을 표출하기 시작했다. 정도전처럼 명나라를 상대로 전쟁을 벌이려고 하지는 않았지만, 명나라에 대해 도전적인 분위기를 간접적으로나마 연출한 것이다.

조선 전기에 해당하는 14~16세기에 동아시아에는 세계 최강 명나라의 패권을 전제로 하는 팍스 시니카(Pax Sinica, 중국의 지배에 의한 평화)가 작동하고 있었다. 몽골제국이 등장한 13세기 이전에는 중동·북아프리카·동유럽으로 구성된 오리엔트 지방이 전 세계에서 가장 강력한 지역이었다. 그러다가 13세기에 몽골이 동아시아에 대한 지배력을 바탕으로 유라시아대륙을 휩쓴 뒤로는 동아시아가 세계 문명을 주도하기 시작했다. 이러한 상태는 아편전쟁을 계기로 세계 패권이 서유럽으로 옮겨 간 19세기 중반까지 계속됐다. 그래서 명나라 때만 해도 중국이 세계 최강의 위상을 떨치고 있었다.

물론 19세기 이전에 동서양 간에 전면적인 충돌은 없었다. 그렇기 때문에 여기서 세계 최강이란 것은 군사적 측면에서 그렇다는 게 아니라 경제적·문화적 측면에서 그렇다는 의미다. 이러한 점을 고려한다면, 명나라는 당대의 세계 최강이었다고 봐도 무방하다. 이 시대의 팍스 시니카는 세계사적 의미를 갖는 것이라고 평가할 수 있다.

그런데 이 시기의 동아시아에는 팍스 시니카와 거리를 둔 별개의 작은 국제질서가 작동하고 있었다. 그것은 이른바 팍스 코리아나(Pax Koreana, 조선의 지배에 의한 평화)라고 부를 만한 조선의 영향력 팽창이었다. 오늘날의 미국이 세계 모든 지역을 다 커버할 수 없듯이, 명나라도 동아시아 전체를 다 커버할 수는 없었다. 그러한 틈새를 비집고 들어가서 만든 것이 바로 팍스 코리아나다.

팍스 코리아나는 조선을 중심으로 대마도·여진족이 참여하는 독립적 국제체제였다. 1869년 이전의 대마도는 조선과 일본 양쪽을 상국으로 받드는 정치 집단이었다. 항상 식량 부족에 시달린 대마도·여진족은 정기적으로 식량 원조를 받는 대신 조선왕조의 패권 혹은 지도력을 받아들였다.

팍스 코리아나 안에서는 조선이 정한 무역 시스템이 하나의 규율로 작동했다. 오늘날 세계 각국이 WTO(세계무역기구) 규정에 따라 무역을 하듯이, 대마도·여진족은 조선왕조가 정한 규율에 따라 무역을 해야 했다. 대마도의 경우에는 조선 정부가 발행한 통신부(通信符, 무역 허가장)가 없으면 조선을 상대로 무역을 할 수 없었다. 조선은 자신이 만든 규율에 따라 대마도나 여진족을 통제했다. 대마도·여진족은 쌀을 얻기 위해서라도, 조선을 황제국 혹은 상국으로 받들면서 이러한 규율을 준수하지 않으면 안 되었다.

물론 여진족과 대마도의 충성심이 백옥처럼 순결했던 것은 아니다. 여진족 군소 정권들 중에는 명나라에만 사대하는 쪽도 있었고

대마도 이즈하라항구 근처에 있는 300여 년 전 조선어학교의 터.

조선에만 사대하는 쪽도 있었으며 조선·명나라 양쪽에 모두 사대
하는 쪽도 있었다. 명나라 초기의 국가 편찬 지리서인《대명일통지
(大明一統志)》에 따르면, 요동(만주)의 184곳 여진족 거주지 중에서
79곳이 조선의 책봉을 받았다. 이 79곳은 조선과 명나라 양쪽을 섬
기는 지역이었다. 조선 개국공신 이지란의 아들인 이역리불화(李亦
里不花, 이화영)처럼, 명나라를 따돌리고 조선만 종주국으로 떠받드
는 여진족 지도자도 적지 않았다. 한편, 대마도는 조선·일본 양쪽
에 사대했다. 고려 때에도 그랬다. 이와 같은 대마도의 이중적인 상
태는 1869년까지 계속됐다.

여진족이 조선·명나라 양쪽을 종주국으로 받들고 대마도가 조선·일본 양쪽을 종주국으로 받든 것을 역사학 용어로 양속(兩屬)이라 부른다. 양쪽을 상대로 동시에 속국의 예를 행했다는 의미다. 이러한 사례는 세계사에서 비일비재하게 발견된다. 1874년 이전의 오키나와는 청나라와 일본을 동시에 종주국으로 받들었다. 고구려도 중국 남북조시대에 남조(남중국 왕조)와 북조(북중국 왕조)로부터 동시에 책봉을 받은 적이 있다. '고구려의 등거리 외교'라는 것은 이러한 양속 상태를 우회적으로 지칭하는 표현이다. 17세기 이전의 네덜란드는 한때 신성로마제국(지금의 독일·오스트리아+α)과 부르고뉴 공국(지금의 프랑스 동부)을 동시에 종주국으로 떠받들었고, 또 한때는 신성로마제국과 스페인을 동시에 종주국으로 섬겼다. 지금의 프랑스와 이탈리아에 걸쳐 존재했던 사보이 공국 역시 신성로마제국과 프랑스를 동시에 종주국으로 삼았다.

갑(종주국)과 을(속국)의 사대 관계는 두 당사국 사이에서만 유효했다. 그래서 을은 갑의 또 다른 속국인 병을 자신의 속국으로 만들 수도 있었다. 소국인 병이 갑과 을 사이에 끼어 있을 경우, 병이 살아남을 수 있는 길은 양속뿐이었다. 갑이 을보다 강할지라도, 병의 입장에서는 갑·을 모두가 자국보다 강하므로 양쪽을 똑같이 종주국으로 받들 필요가 있었던 것이다.

여진족과 대마도도 마찬가지였다. 여진족 입장에서는 명나라와 조선의 국력 차이를 따질 여유가 없었다. 명나라와 조선 모두 자기들보다 더 강했으므로 양국을 동시에 모셔야만 살아남을 수 있었던 것이다. 대마도 역시 그러했다. 그래서 조선은 여진족과 대마도를 속국으로 하는 미니 국제질서의 중심에 설 수 있었다. 이른바 조선 중심의 팍스 코리아나가 형성된 것이다.

명나라가 조선을 끊임없이 의심한 것은 바로 그 때문이다. 자국을 종주국으로 떠받들면서도 여진족과 대마도를 상대로 영향력을 팽창하는 조선을 바라보면서, 명나라는 의혹과 경계심을 품지 않을 수 없었다. 명나라가 보기에 조선은 불량한 속국이었던 것이다. 조선이 이렇게 '불량 국가'가 된 데에는 세종 이도의 역할이 적지 않았다. 이에 대해 좀 더 살펴보자.

세종, 조선을
'불량 국가'로 만들다

명나라의 의심을 받으면서도 조선이 여진족과 대마도를 포함하는 팍스 코리아나를 형성할 수 있었던 데에는 세종의 역할이 큰 몫을 했다. 그는 여진족과 대마도에 대해 모두 경제 지원을 했지만 미세하게 차별적인 정책을 구사했다.

태종은 상왕 재위 시절에 이종무(李從茂, 1360~1425)를 보내 대마도를 공략했다. 대마도 공략은 형식상으로는 세종 시대에 일어난 사건이지만, 실제로는 태종이 상왕 시절에 벌인 일이다. 세종은 자신의 뜻과는 관계없이 대마도에 대해 강경 입장을 취하게 되었다.

아버지가 죽고 자신이 직접 통치하게 된 뒤로는 경제 지원의 강도를 수시로 조절하는 등 비교적 유연한 방법으로 대마도를 통제했다. 제공하는 당근을 끊임없이 조절하는 방법으로 대마도를 통제했던 것이다. 당시 대마도는 왜구의 본거지라 할 수 있는데, 이도는 경제 지원 강도를 수시로 조절하면서 대마도 해적의 준동을 억제하고자 했다.

대마도와 관련해서는 조선이 자기 의지를 관철할 여지가 컸다. 대마도에 관한 한은 조선과 일본이 라이벌이었지 명나라가 끼어들 여지는 거의 없었다. 세계적으로 바닷길이 통합된 16세기 이전만 해도, 일본은 바다로도, 대륙으로도 뻗어나가지 못했다. 그런 탓에 16세기 이전의 일본은 조선에 큰소리를 칠 수 있는 형편이 아니었다. 그래서 조선 전기에는 대마도에 관한 한 조선의 입김이 훨씬 더 강하게 작동했다.

반면, 여진족과 관련해서는 조선이 그다지 유리한 입장이 아니었다. 세계 최강인 명나라가 자국 수도인 북경을 지킬 목적으로 북경과 가까운 만주 지역에 대해 극도로 민감한 반응을 보였기 때문이다. 조선 전기의 여진족 정책은 명나라의 여진족 정책을 전제로 해서만 작동될 수 있었다. 조선이 명나라를 제치고 마음대로 여진족을 다룰 수는 없었다.

이러한 상황이었는데도 세종 이도는 꽤 대담한 일을 벌였다. 압록강과 두만강 아래쪽에 있는 여진족을 상대로 군사행동을 벌이고

(왼쪽) 세종 시대의 여진족 정벌 부조.
(오른쪽) 세종 시대의 대마도 정벌 부조. 광화문광장 소재

그 지역을 조선 영토로 편입해버린 것이다. 세종은 최윤덕(崔潤德, 1376~1445) 장군을 보내 압록강 이남을 네 개의 군(郡)으로 만들고 김종서(金宗瑞, 1383~1453) 장군을 보내 두만강 이남을 여섯 개의 진(鎭, 군사기지)으로 편성했다. 이른바 4군 6진을 개척한 것이다.

명나라가 여진족 정벌에 심혈을 기울이고 있는 상태에서 조선 주상이 여진족 땅을 자국 영토로 편입하는 것은, 명나라와의 갈등을 각오하지 않고는 할 수 없는 일이었다. 그런데도 세종은 그 일을 해

냈다. 덕분에 오늘날 우리는 압록강 및 두만강 이남을 우리 땅으로서 생각할 수 있게 되었다. 이러한 세종의 담대함 덕분에 여진족과 대마도가 조선의 말을 듣고 조선의 패권을 받아들인 것이다.

세종은 국내 문제와 관련해서는 양반 사대부들의 입장을 존중하고 신권을 배려하면서도, 국제 문제와 관련해서는 꽤 대담한 행보를 보여주었다. 물론 명나라의 패권을 존중하는 태도를 보였지만, 여진족과의 전쟁으로 조선의 영토를 늘리고 대마도에 대해서도 영향력을 늘리는 방법으로 그는 조선 중심의 미니 국제질서를 형성하고 유지했다. 세종 이도가 명나라 황제에 버금가는 위대한 조선 주상의 위상을 꿈꾸었음을 보여주는 대목이다.

하지만 세종의 그런 웅대한 포부는 건강이라는 벽에 막혔다. 온갖 질병에 시달렸던 세종 이도는 집권 32년 뒤인 1450년에 54세 나이로 눈을 감고 말았다. 죽을 당시에 그의 몸은 중풍 비슷한 증상을 보였다. 온갖 병을 다 앓다가 결국에는 중풍으로 눈을 감고 만 것이다.

500년을 앞서
고민한 군주

세종대왕 이도의 내면을 들여다보니 피상적으로 알려진 모습과 다른, 의외의 모습을 적지 않게 만날 수 있었다. 우선, 아버지나 큰형과의 심리적 관계는 우리의 상식에 배치된다. 그는 왕위계승과 거리가 먼 셋째 왕자였지만, 아버지와 세상 사람들 앞에 자기 능력을 끊임없이 나타냈다. 이 점에 관한 한 그는 겸손과는 거리가 멀었다. 물론 야심을 품는 게 나쁜 것은 아니다. 그런 꿈을 일절 꾸지 않았던 세종이 어느 날 갑자기 등 떠밀려 왕이 됐을 거라고 생각하는 사람들에게는 분명 놀랄 만한 일이겠지만 말이다.

왕이 된 뒤 큰형 양녕대군을 보호하고 우애를 지킨 것과는 좀 대조적으로 왕자 시절의 이도는 큰형의 체면을 아랑곳 않고 큰형을 질책하기도 하고 자신의 능력을 과시하기도 했다. 큰형의 자리를 빼앗겠다는 의도는 없었겠지만, '만약 기회가 온다면 거부하지는 않겠다' 정도의 의지는 있었다고 볼 수 있다. 이러한 행보에서 드러나듯 충녕대군 이도는 꽤 도전적인 왕자였다. 물론 능력과 겸손이 더 많이 드러났지만, 그에게서는 분명히 도전자의 분위기도 풍겼다.

한편, 왕자 시절의 이도는 상당히 비만한 상태였다. 그는 일하고 공부하는 것은 좋아했지만, 몸을 움직이는 것은 싫어했다. 왕족들이 즐기던 사냥도 기피했다. 그래서 아버지 이방원이 스물두 살 된 아들 이도의 건강을 염려할 정도였다. 그는 도전적인 내면을 소유한 비만형 체격의 인물이었다.

왕이 된 뒤의 세종은 확연히 다른 세상을 경험하게 된다. 왕이 되자마자 정신적 시련부터 겪어야 했다. 상왕인 아버지 밑에서 시집살이 아닌 시집살이를 해야 했을 뿐만 아니라 아버지가 왕실의 안녕을 위해 처갓집을 무너뜨리는 장면도 지켜보아야 했다. 게다가 즉위 초기에는 왕실의 줄초상까지 겪어야 했다. 왕이 된 해에는 동생인 성녕대군을 잃었고, 다음 해에는 상왕이자 큰아버지인 정종이 사망했고, 그다음 해에는 어머니이자 대비인 원경왕후를 잃었고, 그 다음다음 해에는 아버지를 잃었다. 이 때문에 그는 삼년상을 중첩적으로 치러야 했다. 삼년상 기간에 왕들은 극도의 금욕 생활을 해야 했기 때문에 안 그래도 공부와 직무로 바쁜 세종은 한층 더 힘든 나날을 보냈을 것이다.

그래서 왕이 된 지 4년 뒤인 스물여섯 살에 그는 몸이 수척하고 약해지는 허손병에 걸렸다. 뚱뚱했던 체형이 수척해졌으니, 정신적으로나 육체적으로 얼마나 힘들었을지 짐작할 수 있다. 이후로도 그의 질병은 계속 추가된다. 두통, 이질(용변에서 고름이 섞여 나오는 병), 관절염, 보행장애, 임질(소변 볼 때 가렵거나 따끔거리고 고름이 나오는 병), 심허증(가슴이 아프고 두근거리며 잘 놀라고 불안해하는 병), 중풍 등 온갖 질병에 시달렸다.

즉위 4년 만에 상왕인 태종이 승하하여 아버지로 인한 부담감은 어느 정도 사라졌지만, 그렇다고 정치적 부담이 가벼워진 것은 아니었다. 태종 승하 이후에는 아버지 없이 단독으로 신하들을 상대해야 했다. 임금은 백성들을 상대하는 자리가 아니었다. 신하들을 상대하는 자리였다. 백성들은 신하들을 통해 간접적으로 상대할 뿐이었다. 신하들과의 힘겨루기에서 아버지 이방원은 어느 정도 힘을 발휘했지만, 세종은 좀 밀리는 편이었다. 결국 세종은 지고 말았다. 이 점은 육조 직계제를 폐지하고 의정부 서사제로 환원한 사실에서도 드러난다.

신하 그룹을 강하게 압박하지 못하는 세종의 태도는 대표적인 재상인 황희와의 관계에서도 나타난다. 세종 밑에서 온갖 부정부패를 자행한 황희가 청백리 재상의 이미지를 얻은 사실이 이 점을 잘 증명한다. 이것은 신하의 도덕성보다는 능력을 우선시하는 태종·세종 부자의 스타일을 반영하는 것이기도 하지만, 되도록 신하들을 자극하지 않으려는 세종의 신중함을 보여주는 것이라고도 볼 수 있다. 이러한 특성은 한글을 창제해놓고도 강제로 통용시키지 않은 사실에서도 잘 드러난다. 그는 왕권의 본질적 부분만 침해되지 않는다면, 신하들에게 얼마든지 양보할 여지가 있는 군주였다.

신하들에게 밀리는 가운데에서도, 세종은 백성들로부터 세금과 병력 자원을 얻어 국부를 증진시켜야 하는 고대 군주의 역할에 충실했다. 그는 노비의 수를 늘리는 정책을 취했다. 이 때문에 서얼들의 법적 지위가 악화되었고 이들이 노비 생활을 해야 하는 경우가 많았다. 이것은 그가 서얼을 싫어했기 때문이 아니다. 노비를 한 명이라도 더 추가해서 지주들의 생산성을 높이고 이를 통해 조세 수입과 국부를 증진시키려는 그의 욕망 때문이었다. 이렇게 그는 국고에 한 푼이라도 더 채워 넣기 위해 노심초사하는 군주였다.

양반 사대부들을 대표하는 신하 그룹에 대해서는 타협적 태도를 보인 세종이지만, 국제 관계에서는 다소 공격적인 모습을 보여주었다. 명나라의 패권을 중심으로 작동하는 동아시아 국제질서 속에서 여진족과 대마도를 조선 중심의 국제질서에 끌어들이는 과감한 태도를 취한 것이다. 일종의 '팍스 코리아나'를 추구한 것이다.

또 그는 한자 문화에 대한 거부감도 표출했다. 동아시아 유목 군주들이 그랬던 것처럼, 그는 한자에 대항하여 훈민정음을 창제함으로써 중국 중심의 문화 질서에 도전장을 내걸었다. 할아버지인 이성계가 여진족 유목민이었을 가능성이 높다는 점을 고려하면, 손자인 이도 역시 유목민적 사고방식을 가졌을 것이고 이러한 사고방식이 그를 한글 창제로 이끌었을 가능성이 있다고 볼 수 있다. 물론 한글을 창제한 것은 애민정신의 발로였지만, 그의 내면에서 유목 군주적 동기가 작동했을 가능성도 부정할 수 없다.

세종은 집안 문제에도 신경을 쓰지 않을 수 없었다. 그의 집안은 아버지 때부터 가족 간의 유혈투쟁이 난무하는 가문이었다. 재산 문제를 둘러싸고 오늘날의 재벌 가문이 보여주는 가족 간 투쟁은 여기에 비할 바가 아니었다. 이 집안사람들은 칼과 창을 들고 싸웠다. 세종이 등극할 때는 유혈투쟁이 없었지만, 그 역시 큰형의 좌절을 딛고 왕이 되었다.

세종은 이러한 불행이 자기 대에 끝나야 한다고 생각했다. 장남인 세자 이향이 문약한 편이었기 때문에 이 문제에 더욱더 집착할수밖에 없었다. 그래서 세종은 둘째·셋째 왕자인 수양대군과 안평대군을 국정에 참여시키고 그 과정을 통해 두 왕자가 큰형을 돕는 법을 배우기를 희망했다. 하지만 두 왕자는 그의 믿음을 저버렸다. 그가 죽은 지 2년 만에 문종이 죽고 다시 1년 뒤에 수양대군이 조카

단종을 몰아내고 정권을 잡았다. 세종의 희망과 달리 이 집안의 비극은 세종이 죽은 뒤에도 계속된 것이다.

가화만사성이라 했다. 세종은 가화만사성을 이루지 못한 상태에서 국내외 문제에도 신경 썼다. 그의 정신적·육체적 고통이 한층 더 심해질 수밖에 없었다. 그런데도 그는 휴식을 즐길 줄 아는 사람이 아니었다. 사관들의 증언에서 나타나듯이 그는 오로지 일과 공부에만 매달렸다.

자기관리 실패로 인해 세종은 나이가 들면서 점점 더 많은 병을 얻었다. 30세에는 평생의 동반자가 될 당뇨병을 얻어 하루에 물을 한 동이 이상 마시지 않고는 버티지 못했다. 의사들은 그가 앉아서 일만 하고 운동을 하지 않기 때문에 상반신은 열이 과도하고 하반신은 차게 되었다고 진단했다. 체내의 기운이 제대로 순환되지 않아서 하반신이 찼던 것이다. 32세부터는 왼쪽 다리 통증이 심해졌다. 이 시기에는 등도 무척 아파 마음대로 돌아눕지도 못했다. 35세부터는 시각에도 문제가 생겼다. 안질이 새로운 동반자가 된 것이다.

40대에 들어서는 건강이 더 나빠졌다. 42세에는 임질에 걸렸다. 45세부터는 지팡이 없이는 걸을 수도 없었다. 46세에는 안질이 더 심해져서 문서를 읽는 게 더 힘들어졌다. 이러한 가운데에서도 47세에 한글 창제에 성공했으니, 그저 감탄만 발할 수밖에 없겠다. 세종의 시력이 나빠진 대가로 우리는 한글을 얻은 셈이다. 53세에는 다리가 너무 아파, 지팡이가 있어도 홀로 걸을 수 없을 정도가 되었다. 거기다가 언어장애도 생기고 심허증도 보였다. 이러한 상황에서 중풍 비슷한 증상이 나타나 54세의 나이로 세상을 떠났다.

세종의 내면이나 건강을 보면 '세종처럼 살지는 말아야 겠다'는 생각이 들지도 모르지만, 그에게는 수천 수백 번을 찬미해도 부족할 대단한 무언가가 있다. 그것은 바로 자신이 없는 미래의 세상을 위해 준비하는 자세다.

그가 만든 한글은 당시 같은 양반 중심의 세상에서는 절대로 통용될 수 없는 것이었다. 문자를 바꾸려면 지배층부터 바꿔야 한다. 지배층은 문자를 통해 세상을 지배하기 때문이다. 그렇기에 기존 문자를 바꾸려 하면 기득권층이 저항할 수밖에 없다. 그가 이러한 생리를 몰랐을 리 없다. 그런데도 그는 자신의 육체가 죽어가는 상황에서도 한글 창제에 심혈을 기울였다. 이 한글은 양반 권력이 약화된 450년(19세기 후반) 뒤에나 가서 대중적 위력을 발휘하게 된다. 그는 자신이 없는 먼 미래를 내다보며 고뇌하고 일하며 공부했는지도 모른다.